미래
채널

미래
채널

미래를 만드는 사람들을 위한 메가트렌드

미래캐스터 **황준원** 지음

21세기북스

최고의 미래를 상상하라

혹시 '플로피 디스크'를 기억하시나요? 아마 1990년대 이전에 출생한 분들이라면 다들 이 컴퓨터 저장장치를 알고 계실 겁니다. 어느 날 한 아버지가 우연히 구석에 보관돼 있던 플로피 디스크를 발견하고는 초등학생 아들에게 보여줬더니 아들이 이렇게 말했다고 합니다.

"대박! 아빠 3D프린터로 '저장' 아이콘을 출력했네요!"

이해가 되시나요? 초등학생 아들은 플로피 디스크의 모양을 컴퓨터 프로그램의 '저장' 버튼에서만 봤을 뿐 실물로는 접한 적이 없기 때문에 이런 반응을 보인 것이죠. 이처럼 세상의 변화가 너무나 빠르다 보니 함께 살고 있는 부모와 자식 간에도 세대 차이가 생기는데요, 그렇기 때문에 매일매일 달라지는 변화를 계속 파악하고 업데이트하는 일이 매우 중요해졌습니다. 게다가 최근에는 '4차 산업혁명'이라는 트렌드가 등장하면서 많은 사람들이 또 다른 혁명에 대비해야 한다는 압박감을 느끼고 있는 것 같습니다. 하지만 바쁜 일상을 살아가는 우리가 매일 업데이트되는 소식을 꾸준히 따라잡는다는 것은 쉬운 일이 아니죠. 또 미래에 대해 알고 싶어도 많은 책과 신문 기사, 다큐멘터리 등에서 다루는 미래 변화의 내용은 전문용어와 여러 수치 등을 사용해 어렵게 느껴지는 경우들이 많습니다.

그래서 저는 미래에 관한 변화와 소식을 쉽고 재미있게 전달하기 위해 '미래캐스터'라는 직업을 만들고, '미래채널 MyF'라는 미래소식 전문 SNS 채널을 만들어 운영해오고 있습니다. '미래캐스터'라는 직업은 미래를 학술적으로 연구하고 예측하는 미래학자와 달리 일기예보를 해주는 기상캐스터처럼 매일매일 미래에 다가올 변화에 대한 소식을 짧고 쉽게 전달하는 역할입니다. 그리고 '미래채널 MyF'는 마치 SF 영화를 보듯 미래 변화에 관한 영상들을 짧고, 쉽고, 재미있게 전달해 남녀노소 누구나 쉽게 미래를 상상할 수 있도록 돕고 있죠. 'MyF(마이에프)'는 'Make your Futures'의 줄임말인 동시에 미래는 정해져 있지 않기 때문에 현재 내가 무엇을 하는지가 나의 미래를 만들어간다는, 다시 말해 '당신의 미래를 만들라'는 의미를 담고 있습니다.

이 책에서는 그동안 '미래채널 MyF'를 통해 전달해드린 소식들 중 우리의 미래에 가장 영향을 크게 끼칠 사례들, 그리고 구독자분들이 가장 많이 좋아해주신 사례들을 모아 정리했습니다. 여기 소개된 대부분의 제품과 서비스는 실제로 상용화되고 있지만, 아직 개발 중인 제품과 서비스에 대한 소개도 상당 부분 있습니다. 어쩌면 이 책에서 소개된 모든 사례들이 성공적으로 현실화되어 우리 생활에 깊이 자리 잡기란 어려울 수도 있습니다. 또한 저는 그러한 사례들을 통해 미래가 어떻게 될 것이라고 예언가처럼 단정하지도 않습니다. 다만 이 책이 많은 독자들에게 미래 생활을 상상할 수 있는 힌트가 되기를 바랄 뿐입니다.

그러므로 여러분이 이 책을 읽으면서 할 일은 단 한 가지. 바로 '상상하는 것'입니다. 요리에 비유하자면 이 책에 소개된 사례들은 신선한 미래의 재료들이고, 여러분은 요리사라고 볼 수 있습니다. 그리고 저는 그 신선한 미래의 재료들을 세계 곳곳에서 어떻게 요리하고 있는지 소개하는 사람이 되겠죠. 부디 이 책을 통해 여러분이 각 분야에서 이 신선한 미래 재료들을 어떻게 써먹을 수 있을지 마음껏 상상하시고 여러분만의 맛있는 미래, 멋진 미래를 직접 만들어가시길 바랍니다.

"Make your Futures!"

최고의 미래를 상상하세요. 그리고 그 미래를 직접 만드세요.

미래캐스터 'Jay' 황준원

차례

Part 01 인공지능이 바꿀 미래

Part 02 VR과 AR 그리고 MR의 세계

Part 09 생활의 변화

Make
your
Futures

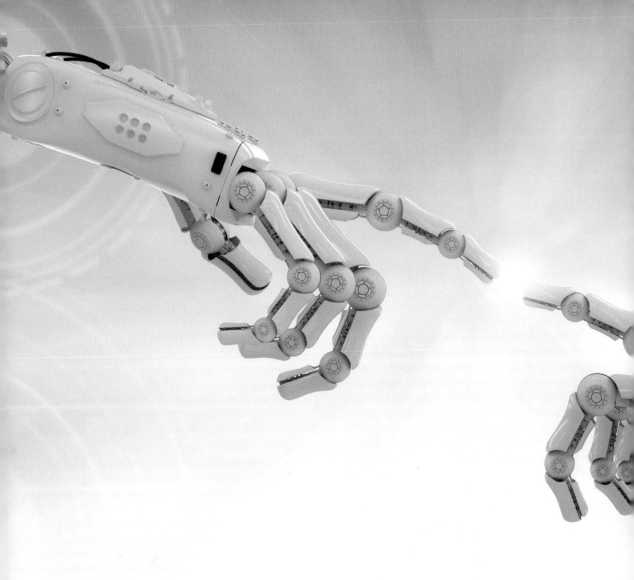

우리 생활에 가장 유용하게 이용될 인공지능의 모습은 얼마나 다양할까?
그리고 어떤 인공지능의 기능과 성격이 사람들에게 가장 사랑받을까?

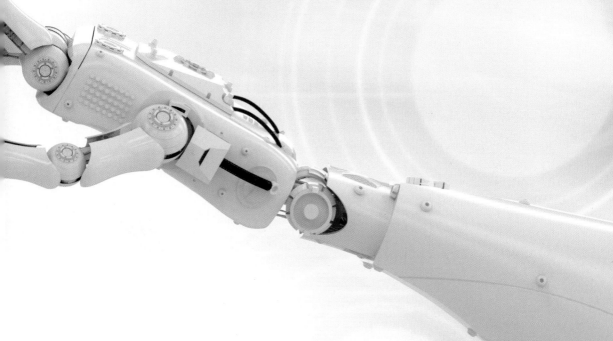

PART 01

인공지능이
바꿀 미래

인공지능이 이런 것까지 할 수 있다니!
_인공지능의 활약상

미래에 대한 이야기를 할 때 가장 많이 언급되는 키워드는 아마 '인공지능(Artificial Intelligence, AI)'

이 아닐까 싶습니다. 특히나 한국에서는 2016년 구글 딥마인드(Google DeepMind)의 '알파고(AlphaGo)'

와 이세돌 9단의 바둑 대결 이후 그 관심이 더욱 커졌죠.

하지만 인공지능은 사실 그 전부터 이미 눈부신 활약을 펼치고 있었습니다. 인공지능계의 슈퍼스타로는

IBM의 '왓슨(Watson)', 애플의 '시리(Siri)', 마이크로소프트의 '코타나(Cortana)', 구글의 '구글 어시스턴트

(Google Assistant)', 아마존의 '알렉사(Alexa)' 등이 있는데요, 이 슈퍼스타들은 의학, 법률, 언론, 자동차,

판매 등 거의 모든 분야에서 유의미한 결과를 내고 있습니다. 사람이라면 몇 달이나 걸릴 데이터 분석을

단 몇 초 만에 해결하는 인공지능의 장점은 '머신 러닝(Machine Learning)'이라는 학습 방식이 도입되며 그

활용처가 더욱 다양해지는 중입니다. 인공지능이 스스로 학습하며 사람의 지능을 더욱 닮아가고 있는 것

이죠. 그렇다면 이러한 인공지능의 발달은 우리의 생활에 어떤 영향을 미치게 될까요? 이번 장에서는 '인

공지능이 이런 것까지 할 수 있어?' 싶을 정도로 놀라운 인공지능의 활약상들을 소개해드리려고 합니다.

요리법을 알려주는 인공지능

사람들은 보통 인공지능이 요리사라는 직업을 대체하지는 못할 것이라고 생각합니다. 하지만 인공지능이 요리 레시피를 개발해주는 서비스가 이미 제공되고 있다면 믿으실 수 있나요? 심지어 무료로 말입니다.

▲ IBM의 인공지능 서비스 '셰프왓슨'의 레시피로 만든 요리

인공지능계의 슈퍼스타 중 하나인 IBM 왓슨은 세계적 요리잡지사인 본 아페티(Bon Appétit)와 협력하여 셰프왓슨(www.ibmchefwatson.com)이란 서비스를 개발했습니다. 알파고가 바둑을 학습해서 이세돌 9단을 이긴 것처럼 셰프왓슨은 기존 요리법을 학습하여 사용자가 원하는 레시피를 추천해주죠. 특히나 좋은 점은 셰프왓슨이 제공하는 레시피에 맞춰 사람이 재료를 준비해야 하는 것이 아니라 그 반대, 즉 내가 가지고 있는 재료를 입력하면 그것들만으로 할 수 있는 맞춤 레시피를 제안해준다는 점입니다. 마치 JTBC의 인기 요리 프로그램 〈냉장고를 부탁해〉의 셰프들처럼 내 냉장고 속 재료들로 만들어낼 수 있는 최상의 조합을 찾아내 그 요리법을 알려주는 거죠. 앞으로 인공지능은 이런 서비스를 제공함은 물론 내 건강에 적합한 음식을 추천해주고, 기존의 레시피를 내 입맛에 맞게 변형해서 알려주는 수준으로까지 발전해서 우리가 일상에서 요리하는 모습에도 변화를 가져올지 모르겠습니다.

외국어 번역도 차원이 다르게, 인공신경망

최근 외국어 번역 기술 분야에는 인공신경망(Artificial Neural Network)이라는 인공지능 번역 방식이 도입되어 정확도가 상당히 높아지고 있습니다. 특히 일본어는 한국어와 어순이 같아서 다른 외국어보다 번역 정확도가 높기 때문에 일본 여행을 가서도 번역 앱을 활용하면 현지인들과 큰 문제없이 의사소통할 수 있는 정도에까지 이르렀죠. 중요한 점은 인공신경망 번역 방식은 데이터가 쌓이면 쌓일수록 학습을 통해 그 정확도가 높아진다는 것인데요, 앞으로 5~10년 후에는 얼마만큼 발전해 있을지 기대됩니다.

인공지능의 번역 기술은 음성번역, 텍스트번역에만 그치지 않습니다.

▼ 구글 개발자들이 공개한 '사물번역기'

컴퓨터 비전(Computer Vision)이라 불리는 이미지 인식 기술 발달에 따라 인공지능이 카메라를 통해 글자까지도 알아볼 수 있게 됐거든요. 덕분에 '구글 번역'이나 '네이버 파파고(Papago)' 앱을 실행시켜 간판이나 메뉴에 적혀 있는 외국어 글씨를 스마트폰의 카메라로 인식시키면 자동으로 번역되기도 합니다.

이렇게 눈이 좋아지면서 인공지능은 이제 앞에 있는 사물이 무엇인지도 파악하는 것이 가능해졌는데요. 인공지능의 이러한 컴퓨터 비전 기능과 번역 기능을 결합하여 구글의 개발자들은 카메라가 인식한 사물을 각국의 언어로 알려주는 '사물번역기(Thing Translator)' 기술을 개발하기도 했습니다. 가령 카메라로 신발을 찍으면 '신발'이란 단어를 영어, 중국어 등으로 알려주는 식이죠. 인공지능의 번역 능력이 이렇게 발달하고 있으니 언어의 장벽이 무너진 세상도 곧 만나볼 수 있겠죠?

공부를 도와주는 인공지능

IBM 왓슨은 2013년 미국의 유명 퀴즈쇼인 〈제퍼디!(Jeopardy!)〉에 출연해 역대 우승자들을 누르고 1위를 차지했습니다. 그리고 일본의 시험 보는 로봇 '도로보군(Torobo-kun)'은 도쿄대 입학을 목표로 매년 일본식 수능에 도전해왔는데요, 비록 도쿄대에 합격할 수 있는 높은 성적을 거두는 데는 실패했지만 일본 사립대학의 80% 정도에는 입학 가능한 수준이라는 결과를 얻기도 했습니다. 인공지능은 답이 비교적 정확하게 정해져 있는 수학, 세계사 등의 과목에서 강점을 보이는데요, 이러한 인공지능의 학습 기능을 이용해 학생들의 공부에 도움을 주려는 시

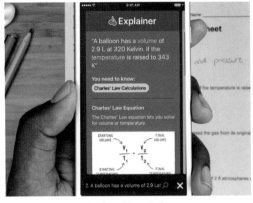
▲ 학습을 도와주는 인공지능 앱 '소크라틱'

도들도 이어지고 있습니다.

예를 들어 스마트폰 앱인 '소크라틱(Socratic)'은 학교에서 출제된 문제를 사진으로 찍으면 그와 유사한 문제의 정답과 풀이 영상, 개념 정리 등 다양한 정보를 모아 제공합니다. 아직까진 그 기능에 한계가 많지만 앞으로 인공지능의 언어이해 능력, 문자인식 능력이 좋아지고 문제해설에 관한 데이터가 쌓이면 쌓일수록 유용성도 커질 가능성이 보입니다.

일본에서는 심지어 인공지능 선생님이 등장하기도 했습니다. 학생들에게 문제를 내고 틀린 것들은 설명까지 해주지요. 덕분에 모든 학생이 같은 내용을 학습하는 것이 아니라 개인별 수준에 따른 맞춤 학습이 가능합니다. 이렇게 교육 분야에서의 인공지능 활용 범위가 넓어진다면 앞으로 학생들이 공부하는 방식, 선생님이 가르치는 방식에 큰 영향을 미칠 수 있을 겁니다.

패션계에 도입되는 인공지능

그렇다면 인간만의 미적 감각과 센스가 매우 중요한 패션계에서도 인공지능이 활약할 수 있을까요? 실은 이미 패션계에서도 인공지능을 도입하려는 시도들이 활발히 이어지고 있습니다. 패션브랜드 잘란도(Zalando)와 손잡은 구글은 개별 고객을 위해 인공지능이 맞춤옷을 디

▲ 구글과 잘란도의 합작인 '프로젝트 뮤즈'

자인하는 서비스를 제공하고 있는데요, '프로젝트 뮤즈(projectmuze. com)'라는 사이트에 접속해 자신의 성격, 취향 등을 입력한 후 간단히 마우스로 그림을 그리면 인공지능이 최신 유행 패션 데이터를 기반으로 나만의 옷을 디자인해줍니다.

이미지 인식 기능이 좋아진 덕에 이제 인공지능은 유행 패션을 학습하는 것도 가능해졌습니다. 사람들이 인스타그램, 핀터레스트 등에 올린 패션 관련 사진들을 분석해 올해의 유행은 어떻고 각 국가별, 나이별, 또 개인별로 어떤 패션을 선호하는지 파악하게 된 거죠. 앞으로는 디자이너들이 인공지능의 조언을 받아 옷을 디자인하게 될지도 모르겠습니다.

예술에 도전하는 인공지능

인공지능은 심지어 인간만의 고유 영역이라고 여겨졌던 예술 분야에도 손을 뻗고 있습니다. 바둑, 요리, 언어 등을 학습하듯이 예술도 배우고 있는 거죠. 덕분에 인공지능이 기존 유명 화가의 화풍을 따라 하거나 유명 가수의 음악 스타일을 모방하는 등의 프로젝트가 진행되어 화제를 모으기도 했습니다.

대표적 예로 들 수 있는 '넥스트 렘브란트(Next Rembrandt)'라는 프로젝트에서 인공지능은 17세기의 유명 화가인 렘브란트의 그림들을 학습하고 그의 스타일로 새로운 그림을 그리는 데 성공했습니다. 렘브란트 그림의 색감은 어떻고 눈매는 어떻게 표현되며 선의 특성은 어떠한지 등을 학습한 인공지능에게 사람이 '검은 옷에 고개를 오른쪽으로 돌린 30대

▼렘브란트의 화풍을 재현한 '넥스트 렘브란트' 프로젝트

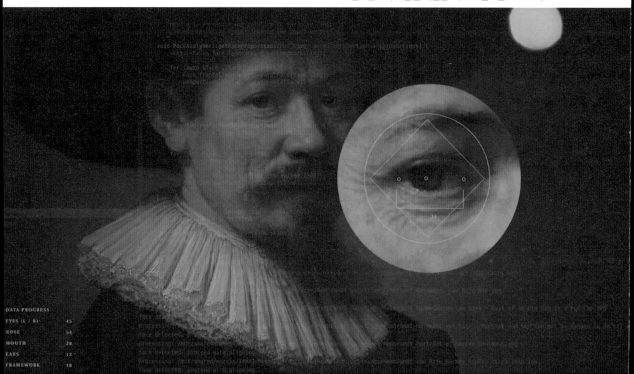

남자'라는 식의 간단한 키워드만 입력하면 그에 맞춰 렘브란트가 그렸을 법한 그림을 그려내는 것이죠.

또 소니 컴퓨터사이언스랩(Sony CSL)이 진행한 '플로우머신(Flow-machines)' 프로젝트에서 인공지능은 영국 록 밴드 비틀스의 음악 스타일을 학습해 '아빠의 차(Daddy's Car)'라는 음악을 작곡하는 데도 성공했는데요, 들어보면 정말 비틀스의 곡처럼 들릴 뿐 아니라 가사 역시 그들이 썼을 법한 내용으로 쓸 수 있다고 합니다.

이렇게 예술 활동이 활발해지면 인공지능은 이미 세상을 뜬 예술가들의 후속 작품을 우리가 만날 수 있게 해주거나 개인 예술가들의 활동에 다양한 도움을 주게 되겠죠? 예술가가 아닌 일반 사람들이 보다 쉽게 예술 작품을 창작하게 되는 계기를 마련해줄 수도 있겠고요.

***

어떻습니까? 인공지능의 활약들이 대단하죠? 인공지능은 이미 우리의 스마트폰, 컴퓨터, 그리고 스피커 제품에 이르기까지 다양한 방식으로 우리 삶 속에 자리 잡기 시작했습니다. 물론 지금의 인공지능은 영화 《아이언맨(Iron Man)》에 나오는 인공지능 '자비스(Jarvis)'만큼 똑똑하진 않지만 앞으로 계속 데이터를 학습하며 우리 생활에 실용적으로 이용될 수 있도록 발전을 거듭해갈 겁니다. 특히나 앞서 말씀드린 사례들처럼 인공지능에 기반을 둔 개인 맞춤형 서비스들은 개인의 생활 방식이나 기업의 운영 방식에 상당히 큰 변화를 가져올 수 있을 텐데요, 그에 따라 그 변화의 과정에 적응할 수 있는가의 여부가 굉장히 중요한 문제로 떠오를 것으로 보입니다.

우리에게 중요한 것은 인공지능과 경쟁하는 것이 아니라 그걸 잘 이용할 수 있는 지혜를 길러가는 겁니다. 과연 여러분은 미래에 인공지능과 경쟁을 하고 있을까요, 아니면 인공지능을 효과적으로 이용하고 있을까요? 그 변화에 눈을 크게 뜨시고 인공지능을 '이용'할 수 있는 현명한 지혜를 길러가시길 바랍니다.

02

당신이 함께 살고 싶은
인공지능 비서는?
_제품 유형별 특징과 장단점

"**회사에** 갈 시간입니다. 오늘은 눈이 와서 지금 출발하는 것이 좋습니다."부터 시작해서 "즐겨 찾는 마트에서 식빵을 할인하고 있습니다. 미리 주문할까요?" "주인님이 원하는 이상형을 SNS에서 발견했습니다. 한번 보시겠어요?" 등 인공지능 비서가 24시간 나와 함께 생활하고 일거수일투족을 챙기며 이런 정보를 알려주는 생활, 너무 먼 미래의 이야기로만 느껴지시나요? 하지만 우리의 실생활에 유용하게 이용할 수 있는 인공지능 비서 제품과 서비스들은 이미 쏟아져 나오기 시작했습니다. 물론 아직은 초기 단계라 우리가 영화 속에서 봤던 모습과는 다소 차이가 있지만, 시간이 지날수록 인공지능 비서는 점점 영화 속의 모습을 닮아가겠죠.

그런데 여러분은 '인공지능 비서'라고 하면 어떠한 모습이 떠오르시나요? 어떤 분들은 영화 〈아이언맨〉에 나오는 '자비스'나 영화 〈허(Her)〉에서의 '사만다(Samantha)' 같은 음성형 인공지능 비서가 생각나실 거고, 또 어떤 분들은 〈스타워즈(Star Wars)〉나 〈월-E(Wall-E)〉에 나오는 로봇형 인공지능 비서를 떠올리시겠지요. 실제로 현재 출시되어 있는 인공지능 비서 제품들은 그 형태가 매우 다양한데요, 그래서 이번 장에서는 현재 어떤 종류의 제품들이 등장하고 있는지, 그리고 그 각각의 장단점은 무엇인지를 비교해보려 합니다.

인간과 대화를 주고받는 음성 스피커형 제품

현재 출시되어 있는 인공지능 비서 제품 중 가장 많이 팔리고 있는 제품들은 스피커 형태를 띠고 있습니다. 아마존의 '에코(Echo)', 구글의 '구글홈(Google Home)' 같은 제품들이 대표적인데요, 국내에서도 SKT의 '누구(NUGU)', KT의 '기가지니(GigaGenie)'라는 스피커형 제품들이 판매되고 있지요.

▲ 애플의 인공지능 스피커 '홈팟'(왼쪽)과
아마존의 인공지능 스피커 '에코'(오른쪽)

아이폰으로 스마트폰의 시대를 연 애플 역시 애플의 인공지능 '시리'를 탑재한 스피커 '홈팟(HomePod)'을 개발했고, 마이크로소프트 역시 세계적 오디오 기업인 하만카돈(Harman Kardon)과 합작으로 인공지능 스피커 '인보크(Invoke)'를 개발했습니다.

이러한 스피커형 제품들은 집 안 한구석에 놓아두고선 어떠한 조작 없이 그냥 음성만으로 어떤 행동을 수행하라고 명령하면 됩니다. 구글홈으로 예를 들자면 "구글, 음악 들려줘." "헤이 구글, 방 안의 조명들 모두 켜줘."와 같은 식으로 명령하면 알아들었다는 대답과 함께 그에 해당하는 기능을 수행해줍니다.

이러한 스피커형 제품의 장점은 일단 손으로 조작할 필요가 없기 때문에 두 손이 자유로운 상태에서도 명령을 할 수 있다는 점입니다. 청소나 요리 중에 손을 씻고 스마트폰이나 리모컨을 쥐지 않아도 여러 가지를 시킬 수 있는 것이죠. 또한 인공지능은 예전에 비해 귀가 밝아져서 내 말을 잘 알아들음은 물론 목소리도 커져서 내게 큰 소리로 얘기도 해주는 덕분에 마치 비서가 항상 우리 집에서 대기하고 있는 기분이 듭니다.

하지만 음성으로 대화를 주고받다 보니 사생활이 보호되지 않는다는 것이 스피커형 제품의 단점입니다. 지하철 같은 공공장소에서 음성명령으로 음악을 듣고 메시지를 보낸다고 생각해보세요. 왠지 민망하죠? 마찬가지로 집 안에서 음성명령을 사용하는 경우엔 내가 하고 있는 일을 다른 식구들도 모두 알아차릴 수 있겠죠.

이런 제품들의 음성인식률이 아직까지는 완벽하지 않다 보니 또 다른 문제가 생기기도 합니다. 친구들끼리 대화하고 있는 중인데 인공지능이 자기를 부르는 줄 알고 대답을 한다거나, 아니면 내 말을 계속 알아듣지 못해 속 터지는 상황이 빚어지기도 하는 것이 그 예죠. 결국 사람은 인공지능이 알아들을 수 있도록 또박또박 이야기하고 간단명료하게 명령을 전달할 수밖에 없는데요, 물론 이러한 단점은 시간이 지날수록 보완될 것이라고 기대됩니다. 실제로 구글의 조사에 따르면 2016년 7월 구글홈의 음성인식 오류율은 8.5%였지만 2017년 5월에는 4.9%를 기록하는 등 점차 낮아지고 있다고 합니다. [01]

음성 서비스를 보완하는 그래픽형 제품

앞서 말씀드린 스피커형 제품들의 경우 디스플레이가 없다는 단점이 있습니다. 그래서 KT의 기가지니는 TV와 연동하여 정보를 표시해주고, 아마존과 구글의 제품 역시 TV에 꽂는 연결장치를 추가하면 원하는 정보나 영상 콘텐츠를 TV로 볼 수 있습니다. 또 아마존에서는 최근 아예 디스플레이가 결합된

▲ 아마존의 디스플레이형 인공지능 스피커 '에코 쇼'

01
구글 2017 I/O 행사의 발표 자료에서 인용.

새로운 에코 스피커 '에코 쇼(Echo Show)'를 출시하기도 했습니다.

이렇게 음성 스피커형 제품의 단점을 보완한 그래픽형 인공지능 비서는 앞으로도 계속 선보일 것이라 예상되는데요, 모니터나 TV 같은 일반 디스플레이나 홀로그램을 활용한 인공지능 비서 제품 및 서비스는 실제로 이미 등장하고 있습니다.

인공지능 아바타를 개발하는 소울머신스(Soul Machines)는 카메라를 이용해 사람의 감정을 인식하고 그에 맞게 대화를 나눌 수 있는 감정 인식 인공지능 아바타입니다. 실제 사람과 유사한 얼굴을 하고 있고 대화의 상황에 맞게 자연스러운 표정을 구현하죠. 공개된 영상에 따르면 사람이 신용카드의 선택에 어려움을 겪고 있다고 말하자 인공지능 아바타가 "카드 선택은 정말 어렵죠."라고 공감한 뒤 어떤 카드를 원하는지, 목적은 무엇인지를 물어보며 그 사람에게 꼭 맞는 신용카드를 추천해줍니다. 이런 제품이라면 사용자 입장에선 마치 실제 비서의 얼굴을 보며 대화하는 듯한 기분을 느낄 수 있겠죠.

▼ 소울머신스가 개발한 인공지능 아바타

▲ 미소녀 인공지능 홀로그램 '게이트박스'

일본에서 개발 중인 '게이트박스(Gatebox)'는 홀로그램형 인공지능 제품인데요. 이 제품은 일본 애니메이션에 등장할 법한 미소녀 캐릭터를 작은 홀로그램 장치 안에 구현합니다. 사실 비서라기보다 동거인에 가까운 콘셉트죠. 집에 돌아와 "다녀왔습니다."라고 인사하면 홀로그램 속 미소녀는 "어서 오세요~"라고 다정하게 말하며 나에게 뛰어오는 영상을 보여줍니다.

이러한 그래픽형 제품들은 음성 명령을 위주로 하는 스피커형 제품의 답답한 단점을 보완해준다는 장점이 있습니다. 하지만 역시 음성으로 명령을 주고받아야 해서 스피커형 제품처럼 사생활이 보호되지 않고, 사람의 말을 잘 알아듣지 못한다는 단점은 아직 있습니다.

문자로 대화하는 챗봇형 서비스

굳이 인공지능 비서 제품을 구입하지 않아도 이와 비슷한 경험을 해볼 수 있습니다. 스마트폰으로 인공지능 비서 앱 또는 메신저를 실행시켜 인공지능 비서에게 명령을 내리는 것이 그 예죠. 이걸 가능케 하는 것이 바로 '챗봇(Chatbot)' 서비스인데요. 특히 페이스북, 네이버, 카카오 등의 메신저 서비스 제공 회사들이 이 챗봇을 활발히 개발하고 있습니다. 앞으로 챗봇이 더욱 발달한다면 텍스트 명령만으로도 필요한 정보를 얻을 수 있을 것 같습니다. "이 근처에 있는 좋은 레스토랑 추천해줘."라고 입력하면 챗봇이 대화창에 맛집 목록을 띄워줄 테니까요. 뿐

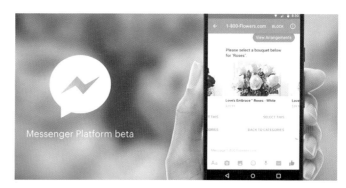

▲ 페이스북의 인공지능 챗봇 서비스 'M'

만 아니라 법률 상담, 부동산 정보, 주식 정보 등 일상생활의 많은 부분들을 이 챗봇이 해결해줄 가능성도 높죠. 우리가 정보 검색을 위해 활용하는 수단이 기존의 포털 사이트에서 메신저 챗봇으로 넘어가게 되는 겁니다.

챗봇의 장점은 텍스트를 이용하기 때문에 음성을 활용하는 경우보다 정확하게 명령할 수 있다는 것입니다. 또한 손가락 타이핑을 이용하는 방식이니 길거리나 지하철 등의 공공장소는 물론 학교와 회사 안에서도 은밀히 명령을 수행시키는 것이 가능하겠죠.

하지만 손가락으로 텍스트를 입력해야 하기 때문에 타이핑 속도가 느린 기성세대일수록 불편함을 느낄 수 있다는 단점이 있습니다. 그리고 스피커형 제품과 달리 운전이나 빨래, 청소 등 손을 사용하는 작업 중에는 이 서비스를 사용할 수 없겠죠. 결국 챗봇은 스피커 형태와 메신저 형태가 결합되어 음성과 텍스트 모두를 통해 명령을 입력할 수 있는 방향으로 발전할 것이라 예상됩니다.

몸을 움직이는 로봇형 제품

인공지능과 로봇은 떼려야 뗄 수가 없는 존재죠. 인공지능은 로봇의 두 뇌 역할을, 로봇은 인공지능의 팔다리 역할을 하게 될 테니까요. 하지만 인공지능은 소프트웨어를 기반으로 하는 덕에 발전 속도가 빠르고 다 양하게 응용할 수 있는 반면, 로봇은 철저하게 물리적 법칙을 따르는 것 이다 보니 발전 속도가 느린 데다 연구개발비가 많이 들어서 다양한 활 용처를 개발하는 데도 어려움이 있습니다.

그럼에도 현재 로봇 형태의 인공지능 비서 제품들은 속속 출시되 고 있는데요, 특히 로봇강국인 일본의 활약이 눈부십니다. 일본의 소 프트뱅크(Softbank)는 2015년 최초의 가정용 감정인식 인공지능 로봇 인 '페퍼(Pepper)'를 선보였고, 샤프(Sharp) 또한 로봇 전화기인 '로보혼 (Robohon)'을 2016년에 출시했습니다. 또 미국에서는 가정용 인공지능

▼ 소프트뱅크의 가정용 인공지능 로봇 '페퍼'

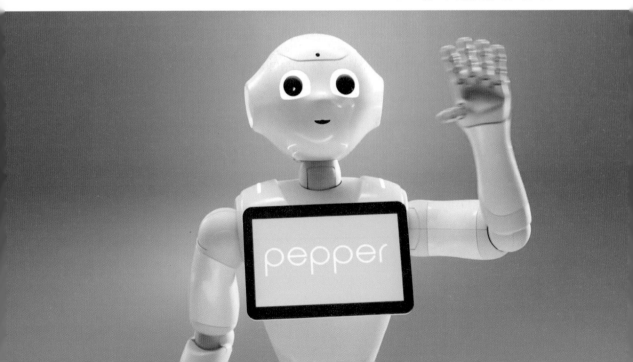

비서 로봇 '지보(Jibo)'가 글로벌 진출을 준비하고 있죠. 이 세 로봇에 대해서는 뒤에서 다시 살펴보도록 하겠습니다.

이러한 로봇형 인공지능 비서의 장점은 바퀴가 달린 경우 집 안에서의 이동이 가능하고 간단한 동작도 할 수 있다는 것인데요, 때문에 제스처를 이용해 더욱 자연스럽게 대화할 수 있음과 동시에 생동감도 높일 수 있습니다. 간단한 요가 동작을 로봇이 직접 해 보이면서 사람에게 가르쳐주는 것도 가능하고요.

하지만 로봇형 제품 제작에는 부품이 많이 사용되기 때문에 가격이 만만치 않다는 것이 단점입니다. 사용된 부품에 따라 가격이 달라지겠지만 페퍼나 로보혼의 경우 약 200만 원 정도에 이르죠. 또 크기가 크거나 설치형인 제품의 경우 집 안에는 설치할 수 있으나 휴대는 불가능하다는 단점도 있습니다. 물론 앱이나 챗봇 서비스를 통해 집 밖에서도 명령하고 대화를 주고받을 수는 있겠지만 야외에서는 로봇만이 줄 수 있는 이점들을 누리기 어렵겠죠.

***

그 외에도 인공지능은 이어폰, 조명, 강아지 로봇, 드론 등 다양한 형태의 제품에 탑재할 수 있습니다. 인공지능은 소프트웨어이며 클라우드 통신을 통해 이용할 수 있는 서비스이기 때문에 그 껍데기는 어떠한 형태로든 가능한 것이죠. 결국 동일한 인공지능이 스피커, TV, 챗봇, 로봇 등을 종횡무진 누비고 다니게 될 텐데요, 그렇다면 그중에서도 어떤 형태의 것이 우리 생활에서 가장 유용하게 이용될까요? 그리고 또 어떠한 인공지능의 기능과 성격이 사람들에게 가장 사랑받게 될까요? 이제 시작 단계에 있는 인공지능 비서 서비스! 앞으로 우리가 참여해서 발전시킬 부분들은 아직 무궁무진하게 남아 있습니다. 사람과의 차이가 없어질 때까지, 그리고 사람보다 더 편리한 존재로 발전시킬 때까지 말이죠.

인공지능도 나름의 성격이 있다
_한·미·일 인공지능의 성격 차이

KBS의 개그 프로그램인 〈개그콘서트〉에는 인공지능 로봇을 소재로 한 코너가 있습니다. 바로 '봇 말려'인데요, 여기에 등장하는 어떤 로봇은 주인의 말에 삐지는가 하면 또 다른 로봇은 너무 사람과 비슷해 얄밉기까지 하더군요. 그런데 정말 인공지능도 그렇게 성격이라는 것을 갖는 게 가능할까요?

재밌는 사실은 실제로 현재 판매되고 있는 가정용 인공지능 제품들은 성격들이 제각기 다르다는 점입니다. 특히나 국가별로 인공지능의 성격을 비교해보면 그 차이를 더욱 분명히 알 수 있죠. 그럼 이번 장에서는 한국, 미국, 일본 등 각 나라별 인공지능의 성격을 비교해볼까요?

미국의 인공지능은 '재미난 친구'

먼저 인공지능 제품들이 가장 발달한 미국부터 살펴보겠습니다. 미국의 가정용 인공지능 제품 중 가장 대표적인 것은 아마존의 인공지능 '알렉사'가 탑재된 인공지능 스피커 '에코'와 구글의 인공지능 '구글 어시스턴트'가 탑재된 인공지능 스피커 '구글 홈'입니다.

▲ 구글의 인공지능 스피커
'구글 홈'

　이 두 인공지능은 모두 여성의 목소리를 사용하는데요, 영어권 문화에는 존댓말과 반말의 구별이 없다 보니 미국의 인공지능은 캐주얼하고 쿨한 느낌의 말투가 특징입니다. 물론 예의 있는 표현을 사용하긴 하지만 한국어의 존댓말에서 풍기는 깍듯한 느낌은 없죠. 덕분에 친구와 이야기하듯 편하게 대화할 수 있다는 장점이 있습니다.

　게다가 재미난 농담도 할 줄 안다는 것 역시 미국 인공지능의 특성인데요, 노래를 해달라고 부탁하면 "드디어 제가 노래할 순간이 왔네요~ 노래 노래 노래~ 끝이에요."라며 우스꽝스러운 노래를 짧게 불러주고, 재미난 이야기를 해달라고 하면 우스갯소리들을 들려주기도 합니다. 그 외에도 예상치 못한 여러 농담들이 사용자의 대사에 따라 곳곳에서 튀어나오기 때문에 '과연 이렇게 물어보면 뭐라고 답할까?' 하는 기대를 갖게 하죠. 한마디로 미국 인공지능은 '재미난 친구' 같은 성격이라고 할 수 있겠습니다.

일본의 인공지능은 '귀여운 애니 캐릭터'

이번에는 일본 인공지능의 성격을 알아보겠습니다. 일본에서 출시된 인공지능 제품들의 경우 스피커보다는 로봇 형태가 많은데요, 이는 〈우주소년 아톰(Mighty Atom)〉 같은 인공지능 로봇 애니메이션을 보고 자란 세대들의 특징이 반영된 결과일 것 같기도 합니다. 대표적인 제품들의 예로는 앞서 언급한 소프트뱅크의 '페퍼'와 샤프의 '로보혼'을 들 수 있습니다. 일본 인공지능들의 특징은 정말 만화 속 캐릭터 같은 성격을 가지고 있다는 것인데요, 그래서 목소리와 말투도 귀엽고 사랑스럽습니다. 미국의 인공지능과는 확실히 구별되는 점이죠.

일본의 인공지능 로봇들 역시 꽤나 사람을 웃겨줍니다. 특히나 '페퍼'의 경우에는 일본의 유명 개그를 흉내 내거나 건강 체조를 따라 하는 등 사람들을 웃게 하는 앱들이 많이 개발되어 있습니다. 인공지능 로봇이라는 것이 자칫하면 사람에게 무서운 존재로 느껴질 수도 있으니 더욱 사람들로부터 사랑받을 수 있는 성격을 갖게 하기 위해 개발진들이 고민을 많이 한 결과라고 생각됩니다. 그래서 일본의 인공지능은 한마디로 '귀여운 애니 캐릭터' 같은 성격이라고 정리할 수 있습니다.

한국의 인공지능은 '정중한 여비서'

마지막으로 한국 인공지능의 성격을 살펴보죠. 한국의 대표적 인공지능 제품으로는 SKT에서 만든 '누구', 그리고 KT의 '기가지니'가 있는데요, 제품마다 그 기능이 조금씩 다르지만 이번 장에서는 인공지능의 성격에 초점을 맞춰 이야기를 해보려고 합니다.

한국의 인공지능은 일단 매우 정중한 성격을 띱니다. 목소리와 말투에서 성숙한 여성의 분위기가 풍기니까요. 뭔가 익숙한 느낌이 들지 않

©KT

▲ SKT의 인공지능 스피커 '누구'　　　▲ KT의 인공지능 스피커 '기가지니'

나요? 맞습니다. 바로 우리가 내비게이션에서 흔히 접하는 목소리 혹은 서비스센터 전화상담원의 목소리와 매우 유사하죠. 그렇다 보니 한국 인공지능은 미국, 일본 인공지능에 비해 훨씬 점잖고 깍듯한 느낌을 줍니다. 굉장히 예의 바른 친구들이라 예절을 중시하는 분들의 사랑은 받을 수 있겠지만, 안타깝게도 농담에는 소질이 없는 것 같습니다. 내비게이션 안내 목소리나 전화상담원께서 그 어조로 농담을 한다면 아무래도 어딘가 어색하겠죠? 마찬가지라고 보시면 되겠습니다. 때문에 한국 인공지능의 성격은 곧 '정중한 여비서'와 같다고 할 수 있겠네요.

영화배우 인공지능과 미소녀 인공지능

이번에는 마지막으로 국가별 차이를 떠나 독특한 성격을 가진 두 가지 인공지능을 소개해 드리려고 합니다. 하나는 페이스북 CEO인 마크 저커버그(Mark Zuckerberg)가 직접 프로그래밍한 '자비스'입니다. '자비스'는 이번 장에서 소개해드리는 인공지능 중 유일하게 남자 목소리를 가지

고 있습니다. 게다가 이 목소리는 실존하는 배우의 것이기도 한데요, 할리우드의 유명 배우인 모건 프리먼(Morgan Freeman)이 바로 그 주인공입니다. 덕분에 '자비스'는 따뜻하고 신사적인, 그래서 왠지 의지하고 싶은 느낌을 불러일으키죠.

또 다른 제품은 앞서 소개해드린 일본의 미소녀 인공지능인 '게이트박스'입니다. 이 제품은 홀로그램으로 일본 애니메이션에 나올 법한 미소녀 캐릭터를 보여주다 보니 행동과 말투 역시 그런 특징을 띱니다. 다른 어떤 인공지능보다 애교가 넘치는 성격의 인공지능이라고 할 수 있는데요, 사람에 따라서는 딱딱하고 정중한 말투의 인공지능보다는 이렇게 애교가 넘치는 인공지능의 성격을 선호할 수도 있겠죠?

* * *

앞으로 인공지능은 우리와 함께 24시간 생활하며 가장 가까운 비서이자 친구 같은 역할을 하게 될지도 모릅니다. 그러니 인공지능의 기능뿐 아니라 사용자가 좀 더 말을 걸고 싶고, 더욱 신뢰하거나 의지할 수 있게끔 하는 인공지능의 성격도 개발자들이 점점 중시하고 연구하는 요소가 되겠죠? 만약 사용자를 너무 잘 파악하고 지나치게 도와주려 하는 나머지 인공지능 제품이 수시로 "밥 먹을 시간입니다." "약 챙겨 드셔야죠." "더 열심히 운동하세요." 등 끊임없이 잔소리하는 성격을 띤다면 사람들은 그걸 꺼버릴 겁니다. 그와 반대로 너무 말이 없고 사용자가 질문을 던지면 기계적으로 딱딱하게만 대답하는 인공지능에도 사람들은 정을 붙이지 못하겠죠.

결국 '어떤 성격의 인공지능이 사용자들의 사랑을 받을 수 있을까?'에 대한 답은 '어떤 성격의 사람이 다른 이들의 사랑을 받을 수 있을까?'에 대한 답과 같을 겁니다. 물론 개개인마다 선호하는 성격도 제각기 다르겠죠. 그렇기 때문에 어쩌면 미래에는 사용자가 자신의 취향에 따라 인공지능의 성격을 맞춤형으로 조절하는 것이 가능해질 수도 있습니다. 영화 〈인터스텔라(Interstellar)〉에서 사람이 인공지능 로봇 '타스(Tars)'의 농담 레벨을 설정했던 것처럼 말이죠.

인공지능 개발사들은 앞으로 사람들이 공통으로 좋아할 만한 성격을 인공지능이 갖추게끔 하기 위해 많은 연구를 하게 될 겁니다. 그 과정에는 인공지능 개발자뿐만 아니라 빅데이터 분석가나 심리학자, 심지어 엔터테인먼트 회사 대표나 개그맨 등 다양한 사람들의 협업이 필요해질 거고요. 사람들에게 사랑받는 인공지능이 성공적으로 개발되어 발전해나간다면 영화 〈허〉에 나오는 것처럼 사람 대신 사귀고 싶은 인공지능이 등장하는 일도 생길지 모르겠네요. 여러분은 어떠한 성격의 인공지능을 원하시나요? 미리 한 번쯤 생각해보시는 것도 좋을 것 같습니다.

미래 노트

'사라지는 직업'이 아닌 '대체되는 직무'를 파악해라

미래의 직업들과 관련해서 가장 우려되는 요소 중 하나는 바로 '인공지능과 로봇에 의한 일자리 자동화'일 것입니다. 2016년 세계경제포럼(다보스 포럼)의 '미래고용보고서'는 앞으로 5년 동안 인공지능으로 인해 약 500만 개의 일자리가 사라질 것이라 전망했고, 2013년 옥스퍼드 대학 연구팀의 조사에 따르면 700가지의 직종 중 완전 자동화가 가능한 것은 무려 50%에 이른다고 합니다. 게다가 미래학자 토머스 프레이(Thomas Frey)는 2030년까지 약 20억 개의 일자리가 사라질 것이라는 과감한 예측을 내놓았는가 하면, 각종 언론에서는 미래에 사라질 직업이 무엇인지에 대한 기사들을 쏟아내고 있습니다.

앞으로 사라질 것이라고 주로 언급되는 직업으로는 회계사, 약사, 기자, 마트 계산원, 운전기사 등이 있는데요, 이런 예측들은 주로 자동화 기술의 발전을 그 원인으로 지목합니다. 가령 회계사의 경우 직업 특성상 계산 업무가 많은데 그것은 프로그램이 더 잘할 수 있고, 약사의 경우도 처

방전에 맞춘 약 조제 업무를 로봇이 더 잘할 수 있으니 점차 밀려난다는 논리죠. 이렇게 '앞으로 사라질 직업'이라고 예측되는 직종들을 들여다보면 대개 단순반복, 계산, 데이터 수집, 분석, 암기 등 인공지능이나 로봇 등이 더 잘할 수 있는 업무들이 큰 비중을 차지합니다. 그렇기 때문에 미래에는 특정 직업들만이 사라진다고 볼 수는 없습니다. 자신이 현재 하고 있거나 앞으로 하려는 일에 자동화 기술로 대체하기 쉬운 업무가 많이 포함되어 있다면 그 어떤 직업이든 안심해선 안 된다는 뜻이죠.

'미래엔 사라질 것으로 예상되는 직업들' 하나하나가 아닌 '자동화 기술로 대체될 수 있는 업무'에 초점을 맞추는 것이 더 중요한 이유가 여기에 있습니다. 대체될 수 있는 업무 역량은 줄이고 대체될 수 없는 것은 길러가는 것이 미래의 직업 변화에 잘 대비할 수 있는 방법이니까요. 예를 들어 약사의 경우, 약을 조제하는 업무는 자동화 기술로도 가능하고 로봇을 활용한다면 실수할 확률

이 제로에 가까우니 대체될 가능성이 높습니다. 대신 기존의 약사들은 손님의 건강을 상담해주는 컨설팅 직무를 늘려가야 할 겁니다. 실제로 일본에서는 약사의 역할이 점차 달라지고 있다고 합니다. 이미 초고령사회가 된 탓에 고령층 손님이 많다 보니 약사가 단순히 약만 조제해주는 것을 넘어 노인들의 식습관을 컨설팅해주고 당분이 적게 들어간 빵 같은 건강식품도 약국 내에서 판매하는 등 그 역할이 변해가고 있는 겁니다.

기자의 경우도 마찬가지입니다. 주식이나 날씨 등 팩트를 그대로 전달하는 기사는 인공지능을 이용해서 얼마든지 자동으로 작성할 수 있습니다. 그렇다고 기자가 다 사라질까요? 아닐 겁니다. 그러한 팩트들이 갖는 의미를 설명하고 여러 팩트들을 종합해 새로운 통찰력을 주는 기사를 작성하는 쪽으로 역할이 변해갈 테니까요. 물론 아주 장기적으로 보면 이런 직업들이 완전히 사라질 가능성도 있지만 인공지능으로 대체될 수 없는 직무 역량을 길러나간다면 자신의 직업이 무엇이든 당장 사라질 것이라고 보긴 어려울 겁니다.

진화론의 창시자인 찰스 다윈(Charles Dar-win)은 이런 말을 했습니다. "살아남는 것은 가장 강한 종(種)이나 가장 똑똑한 종이 아니라 변화에 가장 잘 적응하는 종이다." 미래에는 자동화 기술이 더욱 발달하여 우리의 직업에도 많은 변화가 생길 텐데, 찰스 다윈의 이 말에서 미래에 대처하는 지혜를 얻을 수 있을 것 같습니다. 사라지는 직업에만 너무 주목하기보다는 기술이 대신할 수 없는 업무를 파악해나가는 것이 미래를 준비하는 현명한 자세가 아닐까요?

현실인 듯 현실 아닌 가상의 세계에서 우리는 어떤 가능성을 찾을 수 있을까?
시공간을 넘나들며 무한한 상상력을 자극하는 VR, AR, MR을 만나보자.

PART 02

VR과 AR 그리고 MR의 세계

시간도 공간도 내 맘대로
_VR의 세계

최근 VR(Virtual Reality)이라고 불리는 가상현실 기술이 큰 주목을 받고 있습니다. 그 이유는 VR이 단순히 게임에만 활용되는 것이 아니라 교육, 훈련, 쇼핑, 통신 등 우리 생활과 산업 분야 모든 곳에 적용될 가능성이 있기 때문입니다. VR에는 대체 어떤 이점들이 있기에 페이스북, 구글, 마이크로소프트 등 글로벌 IT 대기업들이 대규모 투자를 진행하고 있는 걸까요? 그 이유 중 하나는 아마 VR이 우리로 하여금 시공간의 한계를 뛰어넘게 하는 유용한 도구이기 때문일 겁니다. VR 공간 안에서는 우리가 화성에 있을 수도, 물속에 있을 수도, 심지어 과거에 있을 수도 있죠. VR의 특성을 활용한 몇 가지 유용한 사례들을 여러분께 소개해드리겠습니다.

공간을 허무는 VR

방금 전까지 함께 이야기를 나눴던 친구라 해도 내 눈앞에서 VR 헤드셋을 쓰는 순간 그 친구는 새로운 공간, 새로운 세계에서 돌아다니는 것이 가능해집니다. 몸은 나와 같은 공간에 있지만 결코 함께 있다고 하기 어렵죠. VR 헤드셋을 쓴 채 두리번거리고 있는 누군가의 모습을 보신 분들이라면 이해가 가실 겁니다. 이렇듯 VR 헤드셋을 쓰는 순간 좀전까지와는 전혀 다른 공간으로 순간이동을 하게 하니 VR은 일종의 순간이동 머신이라고 할 수도 있습니다. 그렇다면 여러분은 어떤 공간으로 순간이동을 하고 싶으신가요?

아마 많은 분들이 '답답한 현실을 벗어나 다른 나라로 여행을 떠나고 싶다'고 하실 것 같네요. 하와이의 와이키키 해변이나 에펠탑이 있는 파리, 물의 도시 베네치아 등 누구에게나 가보고 싶은 여행 장소는 있기 마련이죠. 이미 많은 VR 여행 콘텐츠가 제작된 것도 그런 이유에서입니다. 기술은 결국 우리의 욕구를 해소하기 위해 발전하는 것이니까요. 유튜브에 접속해서 가고 싶은 나라를 검색하고 검색 필터에서 360°를 선택하면 수많은 나라의 VR 영상들을 감상할 수 있죠. 360° 영상 혹은 VR 영상들은 그냥 스마트폰을 움직여서 볼 수도 있지만 VR 헤드셋을 이용하여 감상할 때 그 매력을 충분히 느낄 수 있습니다. 내가 실제로 있는 현실의 공간은 전혀 보이지 않은 채 새로운 세상만을 보기 때문에, 즉 나의 눈을 완전히 속여 다른 세상에 있는 것처럼 느끼게 해주니 몰입도가 다를 수밖에 없죠.

이번엔 쇼핑에 대해서 생각해보겠습니다. 이미 우리는 백화점, 마트 등 오프라인의 공간을 떠나 인터넷 쇼핑몰이란 가상공간에서 쇼핑을 하고 있습니다. 우리의 시간과 노력을 줄여주기 때문입니다. 그런데 지금처럼 상품 이미지 클릭을 통해 물건을 살펴보는 것이 아니라 아예 내가 쇼핑몰에 있는 것처럼 매장 내에서 이동하고 마음에 드는 상품이 있으면 집어 살펴볼 수 있는 VR 쇼핑몰은 어떨까요? 이러한 상상을 중국 최대 전자상거래 업체인 알리바바가 현실로 만들고 있습니다. 알리바바는 '바이플러스(Buy+)'라는 VR 쇼핑몰을 개발중인데요, 중국 내의 쇼핑몰을 가상현실로 구현하는 것뿐만 아니라 해외 유명 쇼핑몰과의 제휴를 통해 비행기를 타지 않고서도 집 안에서 해외 쇼핑을 가능하게 하겠다는 계획을 밝히기도 했습니다. 구매하고자 하는 물건과 멀리 떨어져 있으면 있을수록 VR 쇼핑몰의 매력도 빛을 발하지 않을까 싶습니다.

▼ 구글의 VR 교육 프로그램 '구글 엑스페디션'

VR이 활용되는 영역은 점점 더 넓어지는 중입니다. 부동산 업계에서 역시 직접 집을 찾아가 살펴보지 않아도 VR을 이용해 둘러볼 수 있는 서비스를 제공하는 시도가 이어지는 중이고, 구글은 아이들이 세계 유적지나 명소를 교실에서 접할 수 있게 해주는 '구글 엑스페디션(Expedition)'이란 VR 서비스를 제공합니다.

360° 카메라와 VR 헤드셋을 이용한 실시간 통신을 활용하면 멀리 떨어져 있는 가족과 함께 있는 듯한 느낌을 가질 수 있고, 미 항공우주국에서 진행 중인 연구처럼 VR로 우주의 로봇을 조종해 임무를 수행하게 하는 것도 가능해질 겁니다. 이렇듯 VR을 이용하면 물리적 공간이 주는 한계를 상당 부분 해소할 수 있을 텐데요, 어디론가 다른 공간으로 이동하고 싶다는 여러분의 그 욕구를 VR과 접목한다면 새로운 세상이 열리게 될지도 모르겠습니다.

시간을 뛰어넘는 VR

그럼 이번엔 VR로 시간을 뛰어넘어보겠습니다. VR은 말 그대로 가상이기 때문에 우리가 원하는 시간 어디로든 이동하는 것이 가능합니다. 여러분은 어느 순간으로 이동하고 싶으신가요?

나의 어린 시절, 첫사랑과의 만남, 결혼식, 친구들과 함께했던 즐거운 여행 등 소중한 추억의 순간으로 돌아가고 싶다고 답하실 분들이 많으실 겁니다. 그럴 때 우리는 사진을 보거나 동영상을 재생하며 그 순간을 회상하곤 하는데요, 앞으로는 추억을 돌이켜보고 싶을 때 VR을 이용할 수도 있겠습니다. VR을 이용하면 추억을 회상하는 정도가 아니라

▲ 삼성의 360° 카메라
'기어(Gear) 360'

그 추억의 장소로 다시 돌아가는 것이 가능해지죠. 이때 매우 유용하게 사용되는 기기가 바로 360° 카메라입니다. 360° 카메라는 말 그대로 우리의 추억을 360° 빠짐없이 기록하는 카메라이기 때문에 이걸로 찍은 영상을 10년, 혹은 20년 후에 VR헤드셋을 끼고 다시 본다면 예전의 그 순간으로 돌아간 듯한 기분을 느낄 수 있을 겁니다. 물론 지금은 관련 기술의 수준이 아직 초기 단계라 화질도 좋지 않고 화면 왜곡 현상도 발생하여 현실감이 다소 떨어지긴 합니다만, 그래도 없는 것보다는 낫습니다. 기술은 계속 발전해나갈 테니까요.

VR은 추억의 순간뿐 아니라 과거의 역사적인 순간으로 돌아가는 것도 가능하게 합니다. 이런 특징은 교육 분야에서 매우 유용하게 활용될 수 있는데요, 스위스의 켄잔스튜디오(Kenzan Studios)에서는 2015년 VR을 이용해 피라미드 안을 탐험하는 프로젝트를 선보여 화제를 모았습니다. VR 헤드셋과 몸의 움직임을 추적하는 트래킹 장치를 착용한 뒤, 피라미드 통로처럼 구성된 세트를 돌아다니며 피라미드 내부를 탐험하는 콘텐츠였죠.

이런 기술이 계속 발전을 거듭한다면 미래의 아이들은 역사를 단순히 암기하는 것에 그치지 않고 실제 그 순간을 체험하며 배우게 될 겁니다. 조선 시대에 대해 알고 싶으면 책을 펼치는 것이 아니라 조선 시대를 구현한 가상현실 안으로 들어가본다거나, 고대 로마 콜로세움 등 유명 유적지를 재현한 VR 콘텐츠를 통해 그 원래의 모습을 체험해보는 식이되는 거죠. 실제로 영국의 BBC는 공룡이 살았던 시대로 돌아가 바로 눈앞에서 공룡들을 살펴볼 수 있는 VR 다큐멘터리를 제작하기도 했습니다. 물론 이러한 콘텐츠는 이미 우리가 사진이나 동영상을 통해 접할

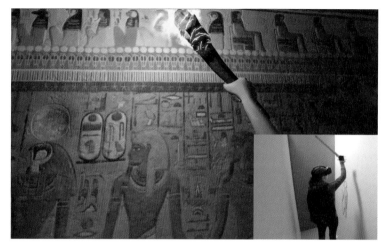

▲ 켄잔스튜디오가 선보인 피라미드 체험 프로그램

수 있는 것들입니다. 하지만 VR은 마치 내가 그곳에 있는 것처럼 착각하게 되는, 좀 더 몰입감 높은 경험을 제공해준다는 장점을 가집니다.

* * *

그렇다면 앞으로는 우리가 사진이나 동영상보다 VR을 더 많이 이용하게 될까요? 사실 아직은 모릅니다. 현재의 VR 기술은 사용자가 체험 시 현기증을 느낀다거나 기기 착용감이 불편하다는 등 해결해야 할 요소들이 상당히 많은 단계에 있으니까요. 하지만 우리 인류가 간접경험을 할 수 있게끔 고안된 수단들을 역사적으로 살펴보면, 처음에는 그림이나 글자 등의 간단한 기호였던 것이 사진, 그리고 동영상처럼 생생함을 계속 높여가며 현실감을 증대시키는 방향으로 발전해왔다는 점을 알 수 있습니다. 이러한 흐름을 생각해본다면 앞으로 인류는 사진과 동영상을 뛰어넘는, 보다 사실적인 간접경험 수단을 개발하고 발전시켜가겠죠. 그리고 현재로서는 가장 가능성 높은 차세대 수단으로 꼽히고 있는 것이 바로 VR입니다. 과연 VR은 차세대 플랫폼으로 자리 잡는 데 성공할 수 있을까요?

현실 한 잔에 상상 두 스푼
_AR의 매력

VR이 | 100% 가상의 세계만 보이는 기술이라면 증강현실, 즉 AR(Augmented Reality)은 현실의 세계가 그대로 보이는 상태에서 가상의 물체를 섞는 기술입니다. 이 AR 기술은 사실 스마트폰이 처음 등장했을 때부터 존재했는데요, 활용도가 상당히 높아 널리 쓰일 것이란 기대를 받았지만 예상과 달리 수년간 크게 빛을 보지 못했습니다. 어쩌면 AR 기술을 이용하기 위해 사람들이 스마트폰을 들고 거리를 두리번거리며 걷는 모습이 어색하게 느껴졌기 때문일지도 모르죠.

AR 기술이 다시 주목을 받기 시작한 건 '포켓몬GO'라는 게임이 폭발적인 인기를 끌면서부터였습니다. 사람들은 손에 스마트폰을 들고선 너도나도 길거리에 나와 사방을 살펴보면서 포켓몬을 잡으러 다녔습니다. 애초의 기대와 달리 별 주목을 끌지 못했던 AR 기술이 '포켓몬'이라는 인기 콘텐츠를 만나 드디어 그 진가를 발휘한 것이죠. 그런 면에서 '포켓몬GO'는 최초의 AR 히트작이라 할 수 있습니다. 이는 사람들이 AR 기술에 익숙해지는 계기가 되기도 했는데요, 그렇다면 AR 기술로 구현할 수 있는 것은 게임이 전부인 걸까요?

▲ AR 스케치 앱 '스케치AR'

AR로 그림 스케치를?

혹시 그림 그리는 데 어려움을 겪으신 적이 있으신가요? 특히 그림 그리기의 첫 단계인 스케치부터 생각대로 그려지지 않아 좌절하신 분들이 많으실 텐데요. '스케치AR(Sketch AR)'이라는 앱을 활용하면 그런 어려움을 해소할 수 있습니다.

이 앱을 실행시키고 자신이 그리고자 하는 스케치를 선택한 후, 실제의 흰 도화지에 카메라를 비추면 도화지 위에 가상으로 스케치가 생겨납니다. 그러면 사용자는 스마트폰 화면에 나타난 스케치 선을 따라 도화지에 연필로 실제 스케치를 할 수 있죠. 이 앱의 강점은 내가 스마트폰을 움직여도 가상의 스케치는 도화지에 고정되어 움직이지 않는다는 것입니다. 이것이 가능한 이유는 3D카메라를 이용하기 때문인데요, 3D카메라는 일반 카메라 렌즈뿐 아니라 적외선 센서도 달려 있어 카메라와 물체의 거리를 파악할 수 있습니다. 그래서 사용자가 도화지 가까이로 스마트폰을 가져가면 카메라가 도화지와의 거리가 줄어들었다는 것을 자동으로 인식하고, 그에 따라 스케치도 종이에 맞춰 확대될 뿐만 아니라 스마트폰을 옆으로 이동시켜도 스케치가 도화지 위에 남는 것이죠. 향후에는 다양한 AR 안경에서도 이 기능을 이용할 수 있도록 할 예정이라고 하는데요, 그러면 두 손이 자유로운 상태에서 더욱 편하게 그림을 그릴 수 있겠죠?

이렇듯 AR 기술이 발달하면서 예술 작업도 과거보다 수월해지고 있습니다. 음반 녹음을 예로 들면, 예전에는 실제 스튜디오에서 실제 악기로 연주하고 그것을 녹음해서 음반을 제작했습니다. 아무나 할 수 있는 일이 아니었죠. 하지만 지금은 컴퓨터 작곡 프로그램과 가상의 악기를 이용해 누구나 집에서 음악을 만들 수 있습니다. 마찬가지로 미술도 점점 누구나 도전할 수 있도록 그 문턱이 낮아지고 있죠. 즉, 큰돈이 없어도, 내가 수년간 연습하지 않아도 상상을 현실로 만들기가 점점 쉬워지고 있는 셈입니다. 때문에 미래에는 상상력과 창의력이 더욱 중요해질 겁니다. 멋진 상상만 할 수 있다면 그것을 현실로 만드는 일은 계속 쉬워질 테니까요.

AR 서바이벌 슈팅게임

산속이나 세트장에서 페인트볼을 쏘며 즐기는 서바이벌 게임을 모두들 알고 계실 겁니다. 각종 장애물에 숨어 방어를 하다가 몰래 상대편에게 접근해 페인트볼 총을 쏴서 맞추면 그 상대는 게임에서 탈락하는 방식이죠. 또 컴퓨터로 FPS(First-Person Shooter) 슈팅게임을 즐기시는 분들도 많을 듯합니다. 게임 속에서 무기를 바꿀 수 있는 데다 총소리도 실감나기 때문에 많은 사람들에게 꾸준히 사랑받고 있죠.

그런데 AR을 이용해서 실제 서바이벌 슈팅게임과 컴퓨터 슈팅게임을 결합한 것도 있습니다. '파더.IO(Father.IO)'라는 AR 게임이 바로 그것인데요. 스마트폰에 이 앱을 설치하면 야외에서 상대방과 슈팅 서바이벌

▼ AR 슈팅게임 '파더.IO'

게임을 즐길 수 있습니다. 이 게임에서 내 스마트폰은 곧 내 총이 됩니다. 스마트폰으로 상대를 겨눈 뒤 화면의 버튼을 누르면 상대를 공격할 수 있고, 공격받은 사람은 게임에서 탈락하게 되니까요. 또한 자동차나 나무 뒤에 숨어 상대의 공격을 피할 수 있음은 물론 상대편에게 몰래 접근해 공격을 성공시킬 수도 있습니다.

이것이 가능한 이유는 스마트폰 앱 자체의 기능뿐만 아니라 '인셉터(Inceptor)'라는 장치를 추가로 장착하여 활용하기 때문입니다. '인셉터'에는 최대 50미터까지 도달하는 레이저와 적외선 센서가 탑재되어 있어서 상대가 쏜 레이저를 인식할 수 있습니다. 총을 발사할 때의 효과음이나 총의 종류 등은 스마트폰 화면에서 구현되니 더욱 현실감 있게 게임을 즐길 수 있겠죠? 이런 게임들은 야외나 실내 어디서든 가능하기 때문에 보다 쉽게 친구들과 함께 즐기면서 운동 효과까지 얻을 수 있습니다. '포켓몬GO'를 즐기는 사람들은 포켓몬을 잡기 위해 거리를 돌아다니다 보니 덤으로 운동을 하는 효과까지 거뒀다고 하는데요, 그런 면에서 보면 AR 기술은 향후 건강 관련 프로그램에서도 많이 활용될 것으로 기대됩니다.

줄자 대신 AR!

창문의 폭이나 내 방에 있는 책상의 길이를 재야 할 때면 우리는 줄자를 사용하게 되는데요, 높은 곳까지의 거리를 측정할 때는 의자를 가져다 놓고 그 위에 올라가 힘들게 재야 하는 경우도 많습니다. 하지만 앞으로는 AR 기술을 이용해서 높이나 길이를 보다 편리하게 측정하는 것이 가

능해질 것 같습니다. 이미 출시되어 있는 '캔버스(Canvas)'라는 앱을 예로 들자면, 앱을 실행시키고 아이패드로 해당 공간을 스캔한 뒤 자신이 길이를 재고자 하는 곳을 터치하면 줄자 없이도 길이를 쉽게 측정할 수 있죠. 물론 일반 아이패드 카메라로는 이것이 불가능하기 때문에 앞서 소개해드린 3D카메라를 부착해서 사용해야 하는데요, '캔버스'는 옥시피털(Occipital)사에서 만든 '스트럭처 센스(Structure Sense)'라는 3D카메라를 이용합니다. 3D카메라가 공간의 깊이와 길이 등을 파악할 수 있기 때문에 그 특성을 길이 측정에 이용하는 것이죠.

레노버(Lenovo)사의 스마트폰인 '팹2 프로(Phab2 Pro)'로도 이 기능을

사용할 수 있습니다. '팹2 프로'에는 구글의 AR 플랫폼 '탱고(Tango)'와 3D카메라가 탑재되어 있기 때문입니다. 이렇듯 3D카메라는 공간의 길이를 측정하고, 물체를 3D로 스캔하고, 또 자연스러운 증강현실을 구현하는 등 다양한 기능에 활용할 수 있는데요. 최근에는 3D카메라가 아니라 일반 스마트폰 카메라만으로도 거의 동일한 기능을 사용할 수 있는 기술이 계속 발달하고 있는 상황입니다.

그 외에도 이케아는 AR 앱을 이용해서 직접 가구를 들여놓지 않고도 어떤 가구가 우리 집에 어울리는지 가상으로 볼 수 있게 했고요. 디즈니에서는 아이들이 그린 그림에 AR 기술을 적용하여 그림이 살아 움직이는 것처럼 만들어주는 기술을 연구하기도 했습니다. 또 미국 플로리다주의 한 성형외과에서는 특수 제작한 밴드를 가슴에 착용한 후 카메라를 비추면 가상으로 가슴성형을 해볼 수 있는 프로그램도 도입했습니

다. 고객들이 실제로 수술을 받기 전에 가상으로 사이즈와 모양을 바꿔

보며 자신의 수술 후 모습을 예상해보게끔 한 것이죠.

＊＊＊

이처럼 예술, 게임, 쇼핑은 물론 관광, 길 안내, 건강 관리 등 AR 기술을 활용할 수 있는 분야는 무궁무진

하다고 할 수 있습니다. 우리가 상상하기에 따라 그 범위도 넓어지는 셈이죠. 현실에 상상을 더하는 AR 기

술! 여러분은 우리의 현실에 어떠한 상상을 더하고 싶으신가요?

AR 안경도 필요 없다고?
_안경 없는 AR 활용 사례

AR을 경험하고 싶다고 해서 반드시 스마트폰을 사용하거나 AR 안경을 착용해야 하는 것은 아닙니다. 앞서 이야기했듯 AR은 Augmented Really, 풀어서 이야기하자면 현실에 가상이 더해졌다는 뜻인데 이 본래의 개념에 충실하면 보다 넓은 증강현실을 구현하는 것이 가능하기 때문이죠. 이때 대표적으로 사용되는 기기가 바로 프로젝터와 디스플레이인데요, 이번 장에서는 스마트폰을 손에 들지 않아도, 그리고 얼굴에 안경을 쓰지 않아도 편안하게 즐길 수 있는 AR 사례들을 소개해드리려고 합니다.

프로젝션 매핑의 대중화

가장 대표적인 사례는 프로젝트를 이용해 현실의 사물을 다른 사물처럼 보이게 만드는 '프로젝션 매핑(projection maping)' 기술을 이용하는 겁니다. 남산 N서울타워나 경복궁 외벽에 프로젝터로 영상을 투사해서 마치 N서울타워나 경복궁이 다른 사물처럼 변신하고 또 살아 움직이는 것처럼 보이는 모습을 접하신 분들이 계실 텐데요. 이러한 프로젝션 매핑의 규모를 줄이면 우리의 생활 곳곳에서 활용할 수 있습니다.

레스토랑을 예로 들어볼까요? 스페인 이비자 섬에 있는 한 호텔 레스토랑인 '서블리모션(Sublimotion)'은 뛰어난 음식과 더불어 AR과 VR을 통해 손님들에게 특별한 경험을 제공하는 것으로 유명합니다. 식탁 위

▼ 프로젝션 매핑 기술을 활용하는 스페인의 레스토랑 '서블리모션'

와 사방의 벽면에 프로젝터를 설치해 음식 사이로 나비가 날아다니기도 하고, 음식에 맞춰 테이블과 벽면의 영상이 계속 바뀌면서 환상적인 경험을 제공해주는 덕분에 손님들은 마치 하늘을 날고 정원을 거니는 기분으로 식사를 할 수 있죠. 뿐만 아니라 VR 헤드셋을 착용하고 음식을 먹기도 하는데요, 이렇게 함으로써 미각과 더불어 환상적인 시각적 자극까지 함께 즐기며 식사의 재미를 극대화하게 됩니다. 일종의 식사 공연이라고 할 수도 있을 텐데, 한 끼의 가격이 2,050달러(약 230만 원)라고 하니 일반인들이 쉽게 이용할 수는 없겠죠?

프로젝션 매핑 식당이라고 해서 서블리모션처럼 모든 벽면과 테이블에 AR 기술을 적용해야 하는 것은 아닙니다. 낮은 비용으로도 특별한 프로젝션 매핑 식당을 만들 수 있으니까요. 벨기에의 영상제작사인 스컬매핑(Skull Mapping)은 프로젝션 매핑을 작게 구현하는 미니 매핑(mini mapping)으로 유명한데요, 한 레스토랑 테이블 위에 프로젝터를 달아 매우 재미있고 귀여운 프로젝트를 선보여 화제가 되기도 했습니다. 손님이 음식을 주문하면 테이블 위에 작은 요리사가 튀어나와 주문한 음식을 요리하는 장면을 애니메이션으로 보여주는 것이었죠. 접시가 놓일 부분을 그릴로 만들어 불을 붙이고, 자기 몸보다 몇 배는 더 큰 스테이크를 뒤집는 모습 등이 아주 재미있게 상영됩니다. 그리고 그 애니메이션이 끝나면 실제로 요리된 음식이 손님에게 서빙됩니다. 음식을 주문하고 그것이 나오기까지, 어찌 보면 가장 지루하다고도 할 수 있는 그 시간을 AR을 이용해 오히려 가장 즐거운 시간으로 바꿔놓은 사례라고 할 수 있습니다.

▲ 테이블을 터치스크린으로 바꿔주는 프로젝터 조명 '램픽스'

터치가 가능한 프로젝터 영상

최근에는 프로젝터로 영상을 비추기만 하고 끝나는 것이 아니라 투사된 영상을 손으로 터치할 수도 있는 놀라운 기술과 제품들이 속속 등장하고 있습니다. '램픽스(Lampix)'라는 조명은 내부에 프로젝터와 HD 카메라 등이 설치되어 있는데요, 조명 아래로 컴퓨터 모니터처럼 영상을 투사하면 조명을 올려놓은 테이블은 터치스크린으로 변신합니다.

예를 들어 테이블 위에 '예, 아니오' 버튼 영상이 투사되면 그 위를 손가락으로 터치함으로써 선택하는 것이 가능하다는 거죠. 또 이 조명 아래에 문서를 올려놓으면 문서를 스캔하여 복사할 수 있을 뿐 아니라 찾고 싶은 글자를 검색하면 해당 글자를 다른 색으로 표시해주기도 하는 등 앱이 개발될수록 그 활용처도 점차 늘어나고 있습니다.

소니에서 개발한 '엑스페리아 터치(Xperia Touch)' 역시 프로젝터가 투사한 영상을 사용자가 터치할 수 있는 제품인데요, 프로젝터가 영상을 투사하는 벽 위에 손가락으로 글씨를 쓰거나 그림을 그릴 수 있는가

▲ 소니가 개발한 터치 프로젝터 '엑스페리아 터치'

하면 주방 조리대 위에 영상을 비춰 손가락으로 스크롤하며 요리법을 확인할 수도 있습니다. 결국 어떤 표면이든 이 프로젝터가 비추는 곳은 터치스크린이 되는 셈이죠. 학교나 직장 등에서 프로젝터로 프레젠테이션을 하실 경우가 여러분도 많으실 텐데요, '엑스페리아 터치'를 활용하면 단순히 자료를 넘기기만 하면서 이야기하는 것이 아니라 발표 자료의 이미지나 글자를 손으로 터치해 다양한 효과를 내는 것까지 가능해지는 겁니다.

고화질 디스플레이를 이용한 가짜 창문

안경 없는 AR 기술 구현에 프로젝터만 사용되는 것은 아닙니다. TV에 적용되는 선명한 화질의 디스플레이를 TV가 아닌 다른 용도로 활용할

수도 있으니까요. 디스플레이를 가
짜 창문 용도로 활용하는 것이 한
예가 될 겁니다. 이미지 스타트업인
애트모프(Atmoph)가 개발한 '애트
모프 윈도우(Atmoph Window)'가
바로 그것인데요, 이 제품은 디스
플레이를 창문 형태로 만들어서 아
름다운 자연경관이나 주요 도시의

© Atmoph

▲ 디지털 창문 '애트모프 윈도우'

영상을 실시간으로 보여줍니다. 내 방에 실제 창문이 없다 해도 이 디지
털 가짜 창문을 설치하면 멋진 경치를 감상할 수 있는 것이죠. 이 역시
현실에 가상을 더한 AR이라고 할 수 있습니다.

현재 디스플레이의 경우 UHD라고 불리는 4K급(4 kilo pixel) 고화질
기술이 발달하며 보다 현실에 가까운 영상을 구현하는 것이 가능해졌
는데요, 이를 넘어 앞으로도 화질 수준이 높아지면 높아질수록 디스플
레이 속 영상은 우리가 눈으로 보는 세상과의 차이를 줄여가게 될 것입
니다.

***

이렇듯 굳이 스마트폰을 이용하거나 AR 안경을 쓰지 않아도 구현할 수 있는 증강현실의 범위는 상당히
넓습니다. 우리가 살아갈 미래의 특징 중 하나는 바로 현실과 가상 사이의 경계가 모호해진다는 것인데요,
어느 것이 현실이고 어느 것이 가상인지 구분하기가 불가능해질 정도로 AR 및 VR 기술들은 발전에 발
전을 거듭할 겁니다. 안경형과 스마트폰형, 프로젝터형 중 앞으로 우리 생활에서 가장 널리 쓰이게 될 AR
기술의 형태는 어떤 것이 될지 상상해보시는 것도 재미있을 듯합니다.

가상의 생명은 자연스러움이지!
_MR의 등장

"**거울아**, 거울아 이 세상에서 누가 가장 예쁘니?" 동화책을 읽다 보면 사람이 거울 속의 존재와 말

을 하거나, 마법사가 호박을 마차로 변신시키거나, 또 손바닥 위에서 불꽃이 활활 타오르는 장면을 접하곤

합니다. 현실의 세계에서 환상과도 같은 사건이 벌어지는 건데요, 이제 마법사가 아니더라도 누구나 그런

일들을 해내는 것이 가능해졌습니다. 바로 가상현실 기술의 발전 덕분이죠.

부자연스러운 가상은 이제 그만

여러 가상현실 기술 중에서도 그런 동화 같은 일들을 가장 잘 구현해
주는 것은 아무래도 최근 주목받는 MR 기술일 것 같습니다. MR은
Mixed Reality 혹은 Merged Reality의 약자인데요, 우리말로 하면
'혼합현실' 또는 '융합현실'에 해당합니다. VR이 100% 가상의 세계만 보
여주는 기술이고 AR이 현실 세계에 가상의 물체를 억지로 끼워 넣은
기술이라면, MR은 가상과 현실을 매우 자연스럽게 융합한다는 특징을
가집니다. 예를 들어 AR의 대표 콘텐츠인 '포켓몬GO'의 경우 내 방에
포켓몬이 나타나긴 하지만 포켓몬이 자연스럽게 의자에 앉아 있거나 침
대에 누워 있는 모습을 구현할 수는 없습니다. 즉, 현실과 가상이 자연
스럽게 어울리지는 못한다는 뜻이죠. 하지만 실제 공간을 3D카메라로
스캔해서 구조를 파악한 뒤 그 구조에 맞게 가상의 물체를 자연스럽게
섞어놓는 MR 기술을 활용한다면 포켓몬이 내 의자에 다리를 꼬고 사
람처럼 앉아 있는 모습을 띠는 것도 가능해집니다.

　앞으로는 곧 일반 스마트폰으로도 MR 기술을 이용할 수 있겠지만,
지금까지는 MR 기술을 이용하기 위해 VR과 마찬가지로 헤드셋을 착
용해야 했는데요, 오큘러스(Oculus)사의 오큘러스 리프트(Oculus Rift)
나 삼성의 '기어VR(Gear VR)' 같은 VR 헤드셋과 달리
MR 헤드셋은 투명한 유리안경 형태라서 실제
세상과 가상의 물체를 함께 볼 수 있습니다. 이
번 장에서는 MR 헤드셋 중 가장 대표적 제품인
마이크로소프트의 '홀로렌즈(Hololens)'를 중심으

▲ 마이크로소프트의 MR 헤드셋 '홀로렌즈'

▲ 홀로렌즈를 이용해 작업창을 선택하는 모습

▲ 홀로렌즈로 구현한 대형 디스플레이

로 MR을 어떻게 활용할 수 있는지 알아보겠습니다.

MS 윈도우즈를 쓰고 다닌다?

홀로렌즈를 만든 마이크로소프트는 가장 대표적인 컴퓨터 운영체제제인 윈도우(Windows)의 제조사이기도 하죠. 그렇기 때문에 홀로렌즈와 윈도우 시스템을 따로 떨어뜨려 생각할 수는 없을 겁니다. 홀로렌즈를 머리에 쓰면 자신이 있는 공간 전체를 윈도우 시스템으로 만들 수 있는 것이죠. 홀로렌즈는 사용자가 손가락을 튕겨 윈도우 작업창을 눈앞에 띄우고 그중 자신이 원하는 프로그램을 손가락으로 선택할 수 있게 하는 등 전체적인 컨트롤을 손가락 동작으로 가능하게 만들었습니다.

영화를 보고 싶으면 동영상 플레이어를 재생시키면 되는데요, 좋은 점은 내가 이동을 해도 동영상 재생창이 나를 따라다니게 할 수 있다는 것입니다. 또 마치 TV처럼 벽에 동영상 재생창을 고정하는 것이 가능하고, 손가락으로 드래그해서 한쪽 벽면을 꽉 채울 정도로 크게 확대할 수도 있습니다. 아직은 시야각이 좁고 화질도 떨어지기 때문에 홀로렌즈가 고화질 TV를 대체하기엔 무리가 있지만, 앞으로 잘 발달한다면 현실에서 몇 백만 원에 이르는 TV를 굳이 사지 않아도 되는 날이 올 수 있을 듯합니다.

문서 작업이나 컴퓨터 게임 등 컴퓨터 윈도우에서 할 수 있는 모든 것을 홀로렌즈로 한다고 상상해보세요. 방에서 거실로 이동하는 중에도 문서 작업을 이어갈 수 있음은 물론 내 방의 벽면마다 작업창을 띄워놓고 고개를 돌려가며 작업하는 것도 가능할 겁니다. 더 이상 컴퓨터 책상이나 모니터 앞에 몸을 고정시켜놓을 필요가 없는 거죠. 내가 어디에 있든 눈앞의 윈도우를 활용할 수 있으니까요.

나의 공간을 가상으로 변신시키다

홀로렌즈에는 공간을 스캔할 수 있는 3D 카메라가 달려 있는데, 그 덕분에 공간 구조를 파악하고 그것을 그대로 살린 상태에서 가상현실을 자연스럽게 섞을 수 있습니다. 일례로 홀로렌즈의 여행 앱인 '홀로투어(Holo Tour)'를 실행시키면 내 공간을 마치 해외의 유명 관광지처럼 바꿀 수 있습니다. 파리의 길거리나 만리장성에 있는 느낌을 경험하는 것이 가능하다는 거죠.

조금 섬뜩하긴 하지만 홀로렌즈는 우리

▲ 홀로렌즈의 여행 앱 '홀로투어'
▲ 홀로렌즈의 범죄수사 앱 '프레그먼츠'

집을 범죄 현장으로 변신시켜주기도 하는데요. '프레그먼츠(Fragments)'라는 홀로렌즈 게임을 실행시키면 마치 우리 집에서 범죄 사건이 일어난 것처럼 수사관들이 등장하고, 나와 함께 증거를 찾으며 범죄를 수사하기 시작합니다. 우리 집 소파에 걸터앉은 수사관들과 대화를 나눌 수있는가 하면 범죄자가 우리 집에서 어떻게 범죄를 저질렀는지도 볼 수있죠. 지금은 단순한 게임 콘텐츠일 뿐이지만 앞으로 실제 수사 현장에이용될 가능성도 있겠죠?

작업을 도와주는 MR

MR을 이용해서 우리가 작업을 한다면 어떨까요? 디자이너라면 MR 헤드셋을 끼고 자신이 디자인하는 자동차나 건물의 색상, 구조 등을 바꿔보며 디자인에 참고할 수 있겠죠. 실제 자동차 앞에 가서 손가락만한 번 튕기면 자동차의 색상을 바꿀 수 있으니까요. 정말 마법 같지 않나요?

　의료 분야에 종사하는 의사나 간호사도 MR을 유용하게 활용할 수있을 겁니다. 실제 수술 시에 수술 부위와 환자 정보를 함께 보며 수술

▼ 홀로렌즈를 이용한 디자인

을 한다면 더욱 안전을 기할 수 있을 테니까요. 그 외에도 로봇을 만들기 전에 설계 도안을 실물 크기로 눈앞에 구현시킨 뒤 동료와 함께 돌려보며 의견을 나누거나, 가구를 구매할 때 자연스럽게 가상의 가구를 내 방에 배치해보기도 하고, 우리 집을 쇼핑 공간으로 만들어 물건을 살펴보는 등 MR 기술의 활용 영역은 상상하기 나름이라고 할 수 있겠습니다. 기존의 AR과는 달리 더욱 자연스럽게 현실과 가상이 섞임에 따라 누릴 수 있는 이점들은 굉장히 많을 것이라 생각됩니다.

* * *

최근 MR 헤드셋 개발사인 '아베간트(Avegant)'는 사용자의 초점에 맞춰 포커스가 자동으로 바뀌는 기술을 공개했습니다. 이런 기술 덕에 가상의 물체와 현실은 한층 더 자연스럽게 융합될 텐데요. 현실과 가상의 경계선을 허무는 이러한 노력들은 우리가 그 둘을 구별할 수 없는 수준에 이를 때까지 계속되겠죠.

만약 MR 기술이 잘 발달한다면 앞으로 우리는 실제로 만질 수 있는 하드웨어 제품들보다는 가상현실을 구현하는 소프트웨어 콘텐츠 구매를 위해 지출을 점점 늘려갈지도 모르겠습니다. 대형 TV 대신 홀로렌즈의 TV 콘텐츠를 구매해서 보거나, 집 안 분위기를 바꾸기 위해 실제 도배를 하는 대신 가상의 벽지를 구매하는 식으로 말이죠. 덕분에 사람들이 돈과 시간을 절약할 수 있게 할 뿐 아니라 자원과 공간의 소비를 줄여서 환경 면에도 긍정적인 영향을 미칠 수 있을 것으로 기대됩니다.

문제는 그러한 가상 콘텐츠의 제작에 얼마나 많은 비용과 노력이 들어갈 것인가, 그리고 MR 헤드셋은 가격이 얼마나 낮아지고 얼마나 정교하게 현실과 가상을 섞을 수 있을 것인가 등일 겁니다. 시간이 지날수록 콘텐츠 제작이 간편해지고 MR 헤드셋도 저렴해지겠지만, 기기를 머리에 장시간 착용해야 한다는 태생적 불편함이 어느 정도로 해소될지는 지켜봐야 할 듯합니다. 시력 보완을 위한 안경조차도 불편해서 콘택트렌즈로 바꾸거나 라식 수술을 하는 것이 현실인데, 일반 안경보다 훨씬 크고 무거운 헤드셋을 많은 사람들이 일상적으로 착용할 것이라 기대하기에는 무리가 있는 것도 같으니 말이죠.

SNS, 상상을 뛰어넘다
_페이스북이 만드는 미래의 SNS

세상을 연결하겠다는 미션을 가진 기업이 있습니다. 바로 2004년에 설립된 대표적 SNS 기업인 페이스북이죠. 페이스북의 사용자는 2017년 기준으로 18억 명을 돌파했다고 합니다. 전 세계 인구수가 현재 약 65억 명인 점을 생각한다면 지구인의 20%가량이 페이스북으로 연결되어 있는 셈입니다. 뿐만 아니라 페이스북은 전 세계의 사용자들을 더 많이 확보하기 위해 인터넷이 연결되어 있지 않은 개발도상국 지역에 인터넷을 보급하려는 '아퀼라(AQUILA)' 프로젝트를 진행 중에 있습니다. 드론에 인터넷 연결 시스템을 탑재해서 해당 지역을 비행하게 하면 하늘을 날아다니는 드론을 통해 개발도상국 사람들이 인터넷에 접속할 수 있게 되는 것이죠. 세상을 연결하겠다는 페이스북은 이렇게 그 목표를 차근차근 현실로 이루어가고 있습니다.

가상현실로 연결되는 미래의 SNS

그런데 그런 페이스북이 2014년 신생 가상현실 업체를 무려 23억 달러, 우리 돈으로 약 2조 가량이 넘는 거액에 인수해서 화제가 되었습니다. 바로 '오큘러스'라는 스타트업이었죠. 오큘러스는 팔머 러키(Palmer Lucky)가 2012년 창업한 회사로 원래 설립 목적을 좀 더 실감 나는 게임을 개발하는 것이었습니다. 그런데 왜 게임 회사도 아닌 페이스북이 이 가상현실 업체를 23억 달러라는 큰돈을 지불하며 인수한 걸까요?

페이스북의 대표인 마크 저커버그가 가상현실 회사를 인수한 이유는 게임 때문이 아닙니다. 그의 목표는 바로 전 세계 사람들을 가상현실 안에서 연결하는 것입니다. 저커버그는 사람들이 문자, 사진, 동영상을 넘어 앞으로는 가상현실로 소통하게 될 것이라고 기대하고 있습니다. 그리고 그가 그리는 미래 SNS의 모습이 2016년 한 컨퍼런스에서 드디어 구체적으로 공개되었습니다. 그 자리에서 저커버그는 직접 오큘러스 제품을 쓰고 미래의 소셜 VR의 모습을 실감나게 보여주었죠. 그리고 이 소셜VR 앱은 오큘러스 전용 프로그램으로 2017년 4월 실제로 출시되었습니다.

가상현실을 이용한 페이스북의 소통은 매우 흥미롭습니다. 오큘러스 헤드셋을 머리에 쓰면 가상공간 안에서 친구들의 아바타와 소통을 할 수 있는데요, 그 아바타는 친구들의 표정과 제스처를 자연스럽게 표현해줍니다. 당연히 목소리는 마이크를 통해 생생하게 전달되죠. 친구들이나 가족이 멀리 떨어져 있어도 마치 한 공간에 함께 있는 것처럼 소통할 수 있

▲ VR 헤드셋 '오큘러스 리프트'

▲ 페이스북 소셜VR '페이스북 스페이스'
🐦 '페이스북 스페이스'에서 그림을 그리는 모습

는 것입니다. 게다가 배경 역시 자유롭게 바꿀 수 있어서 물속에서 이야기할 수 있고 화성에서도 이야기할 수 있습니다. 만약 배경을 화성으로 설정하면 360° 어디를 둘러봐도 화성의 공간만 보입니다. 사용자 입장에서는 마치 순간이동을 한 듯한 기분이겠죠?

또 실제 내가 촬영한 공간을 배경으로 사용할 수도 있는데요, 만약 여러분이 360° 카메라로 촬영한 영상을 페이스북에 저장해두면 그 동영상을 배경으로 설정해두고 친구들과 이야기를 할 수도 있습니다.

앞서 말한 2016년 컨퍼런스에서는 시연에서는 가상현실 공간 안에서 친구들과 카드놀이를 하고 가상의 펜을 꺼내 허공에 그림을 그리거나 심지어 펜싱 칼 모양을 그린 다음 손으로 잡고 흔드는 것도 시연되었습니다. 재밌죠? 이렇게 가상현실 안에서 게임도 하고 그림도 그릴 수 있다는 것은 앞으로 그 안에서 교육을 할 수도, 업무를 볼 수도 있다는 것을 의미합니다.

만약 페이스북의 계획대로 전 세계 사람들이 가상현실 안에서 연결된다면 어떤 일들이 일어날까요? 다른 나라로 멀리 이민 간 가족을 가상현실에서 만나 이야기를 나누고, 서로 다른 나라의 아이들이 함께 모여 게임을 즐기는가 하면 해외 비즈니스 미팅도 가상공간 안에서 이루어질지 모릅니다. 그 밖에도 할 수 있는 일들은 무궁무진하겠죠. 가상현실에 한계란 존재하지 않으니까요. 물론 그렇게 되기까지 기기의 착용감, 어지러움, 가격 등 해결해야 할 문제점들도 존재하지만 그 성장 가능성은 결코 무시할 수 없습니다.

*　*　*

참고로 페이스북은 2017년 개발자 콘퍼런스 'F8'에서 페이스북의 10년 로드맵을 공개했는데요, 그 중심에는 인공지능, VR·AR, 그리고 연결성 이렇게 세 가지 키워드가 강조되었습니다. 결국 이 세 가지 키워드들을 종합하여 생각해보면 앞으로 우리는 페이스북을 통해 아프리카나 인도처럼 멀리 떨어져 있는 나라의 사람들과도 쉽게 페이스북 친구를 맺은 후, VR 공간에서 만나 마치 함께 있는 것처럼 이야기를 나누고 사업 미팅도 할 수 있을 겁니다. 그리고 둘 사이의 언어소통은 인공지능 번역기술이 해결해주게 되겠죠. 한마디로 사람들이 가상의 세계에서 물리적 한계, 언어의 한계를 뛰어넘어 자유롭게 소통하는 세상이 펼쳐지는 겁니다. 페이스북의 이러한 야심찬 계획이 얼마나 현실로 이루어질지는 지켜봐야겠지만, 그 무한한 가능성을 무시할 수는 없을 것 같습니다. 세상을 연결하겠다는 페이스북! 과연 페이스북은 앞으로 우리에게 어떠한 미래를 제공해줄까요?

▼ 마크 저커버그가 개발한 인공지능 비서 '자비스'

'대답하는 사람'에서
'질문하는 사람'으로

———————

'한강의 기적'이라 불릴 정도로 급속하게 발전한 대한민국의 비결 중 하나는 선진국의 성장 과정을 빠르게 모방하며 따른 것이라 할 수 있습니다. 이른바 패스트 팔로우(fast follow) 전략이죠. 일본 식민지 시대와 한국 전쟁을 겪은 후 한국은 섬유, 가발 등을 중심으로 하는 경공업에서 철강, 자동차 같은 중화학공업으로 이동했고 뒤이어 컴퓨터와 인터넷을 중심으로 하는 정보산업에 이르기까지 지난 50~60년간 쉴 새 없이 선진국을 따라잡기 위해 노력했습니다.

그리고 그 과정에서는 '질문을 던지는 능력'이 아닌 '대답을 하는 능력'이 더 중시됐습니다. 이미 우리가 본받아야 할 모범 사례가 존재했고, 국가 발전과 성공을 위해서는 그들의 방법을 빠르게 배워 따라야 했으니까요. 해외에서 유학하며 그곳의 선진 기술과 문화를 배워 돌아온 사람들은 '정답을 잘 알고 있는 사람'으로 여겨졌고, 학교와 기업 등에서 정답을 설파하며 리더 역할을 맡게 되었죠. 수많은 학생과 직원들은 그 사람들이

알고 있는 정답을 얼마나 습득하고 빠르게 실행하느냐를 기준으로 능력이 평가되었는데, 그 과정에서 부작용이 생겼습니다. 어린 시절에는 모두가 호기심과 질문이 끊이지 않는 사람이었을 텐데, 학교에서든 사회에서든 시키는 대로 잘 따르는 사람은 인정받는 데 반해 의문을 제기하거나 다른 방법을 궁리해보는 사람은 억압을 받으니 질문하는 능력이 점차 퇴화된 것입니다.

하지만 지금 대한민국은 앞으로도 계속 선진국을 따라가는 데 그칠 것이냐, 아니면 선진국이 되어 세상을 이끌어갈 것이냐를 결정하는 기로에 놓여 있습니다. 과거에 해외에서 공부한 사람들은 한국으로 돌아와 자신이 학습한 지식을 10년 정도 써먹을 수 있었지만, 지금 시대에는 기껏해야 1~2년 정도만 그렇게 할 수 있는 경우가 많습니다.

이런 상황에서 우리가 선진국 대열에 합류하여 새로운 길을 개척하려면 이미 나온 정답을 대답하고 따라 하는 능력이 아닌 '질문하는 능력'을

키워야 합니다. 인간의 수명이 100세를 넘는 장수의 시대, 기술의 발달로 인공지능과 로봇, 사물인터넷 등이 인간이 하던 일을 급격하게 대체하는 시대, 그리고 환경오염이나 우주개척 등이 과제로 등장하는 새로운 시대가 이미 시작되었으니까요. 과거의 그 누구도 경험해본 적 없는 이러한 시대를 어떻게 살아야 하는지에 대한 정답을 알고 있는 사람은 아무도 없습니다. 그 정답은 바로 우리가 스스로 알아내고 만들어가야 하는 것이죠.

그렇기 때문에 '질문하는 능력'이 더욱 중요해진 겁니다. 현재 인공지능은 인간의 지적 노동을 대신할 수 있을 정도로 발전한 상태인데 앞으로는 얼마나 더 발전할 것이고, 어디까지 인간의 능력을 대체할 수 있을까? 그리고 그러한 시대에 인간은 어떤 능력을 계발해야 하며, 인공지능을 갖춘 로봇에게는 어느 정도로 인격적인 대우를 해야 할까? 미래의 고용시장과 교육은 어떻게 변화해나갈까? 이런 질문들을 쉬지 않고 끊임없이 던지며 이어나가는 능력, 또 그에 대한 답을 연구하고 만들어가는 능력이 21세기 인재의 가장 기본적인 역량일 것입니다.

어떤 질문을 하는가에 따라 그 사람의 미래도 바뀌겠죠. '어떤 것이 선진국에서 뜨고 있지?'에 집중하는 사람이라면 선진국을 따라가는 데 그칠 가능성이 높습니다. 하지만 '그다음엔 무슨 일이 일어날까?'라는 질문을 던지는 사람은 미래를 미리 대비할 수 있을 것이고, '그 외에 다른 방법은 없나?'를 물을 수 있는 사람이라면 미래를 향한 새로운 길을 찾아낼지도 모릅니다. 또한 '어떻게 하면 큰돈을 벌까?'라고 질문하는 사람과 '어떻게 하면 행복하게 살 수 있을까?'를 질문하는 사람은 삶의 질 면에서도 차이를 보이겠죠. 이처럼 '질문하는 능력'은 자기 인생의 방향뿐 아니라 삶의 질도 결정할 수 있습니다. 여러분은 현재 머릿속으로 어떤 질문을 하고 있나요?

SF영화 속 한 장면으로만 봤던 자율주행차가 현실로 다가오는 지금,
자동차 시장과 소비자들은 어떤 변화를 겪게 될까?

PART 03

자동차의
미래

미래에 운전이 필요 없다면?
_자율주행차가 가져올 변화

"여보, 우리 내일 여행 가야 되니까 무인자동차 좀 불러놔요." "아까 예약해놨어요. 내일 오전 7시에 집 앞으로 올 거예요. 이동하는 데 2시간 정도 걸리니까 가는 길에 아이들이랑 게임이나 하려고 게임 장치가 설치된 무인자동차로 예약했어요."

이 상황은 머지않은 미래에 현실이 될 우리 생활의 일면일지도 모릅니다. 이미 BMW, 메르세데스-벤츠, 현대, 도요타 등 글로벌 자동차 제조업체들은 자율주행차를 개발 중이고 심지어 구글, 인텔, 네이버 같은 ICT 기업들까지도 자율주행차 기술 개발에 심혈을 기울이고 있으니까요.

▲ 우버의 자율주행 서비스

10년 내 시작될 자율주행차의 시대

그렇다면 '우리는 대체 언제 자율주행차를 이용할 수 있을까?'라는 질문
이 자연스레 떠오를 것 같습니다. 이 질문에 대해서는 전문가마다 의견
이 엇갈리는데요, 테슬라의 CEO 일론 머스크는 "10년 뒤엔 완전자율
주행 기능이 없는 자동차가 생산되는 것을 상상하기 어려울 것"이라고
언급했는가 하면 자율주행차 개발 기업의 대표 격인 구글은 현재 2020
년 자율주행차 상용화를 목표로 활발히 기술을 연구 중에 있습니다.
즉, 가장 적극적으로 미래를 만들어가고 있는 이 두 기업은 자율주행차의 상용화 시기가 10년 내에 도래할 것으로 예상하는 것이죠.

더욱 놀라운 사실은 이미 자율주행 기능을 이용한 서비스가 곳곳에서 시행되고 있다는 것입니다. 대표적 차량공유 업체인 우버(Uber)는 미국의 애리조나와 피츠버그 등에서 자율주행 서비스를 시행한 적이 있습니다. 싱가포르도 자율주행 택시 서비스를 시작했는데요, 현재 이 서비스는 만약의 사태가 일어날 경우를 대비해 운전석에 사람이 앉아 있는 상태에서만 제공됩니다. 물론 앞으로 안전성이 증명된다면 사람이 없는 상태에서도 자율주행 서비스가 가능하도록 단계적으로 발전해나가겠죠.

그런데 자율주행차 도입은 단순히 사람이 운전을 하지 않는다는 것만을 의미하는 게 아닙니다. 우리의 생활, 그리고 산업 전반에 엄청난 파장을 몰고 올 거대한 변화라 할 수 있으니까요. 그렇다면 자율주행차에 힘입은 우리의 미래 생활은 어떤 방향으로 바뀌게 될까요?

자율주행차 도입으로 예상되는 변화들

자율주행차를 개발하는 이유는 사람들이 운전을 귀찮아해서가 아니라 자동차 사고로 너무나 많은 이들이 목숨을 잃거나 재산 손실 등의 피해를 입고 있기 때문입니다. 구글의 자율주행차 개발 총괄을 담당했던 크리스 엄슨(Chris Urmson)은 TED 강연에서 "자동차 사고로 매년 전 세계적으로 120만 명이 사망하는데, 이는 주말을 제외하고 매일 비행기 한 대가 추락하는 것과 같은 수치"라고 이야기했습니다. 이런 이유로 사람이 하는 운전보다 훨씬 안전한 자율주행차를 개발하고 있는 것이죠.

만약 사람의 운전보다 100배 안전한 자율주행차가 개발된다면 그것은 단순히 교통사고의 감소만 뜻하진 않을 겁니다. 자동차 보험에 가입할 필요가 없어지고 더 나아가서는 자동차 사고로 병원을 찾던 환자의 수가 줄어들어 의료계에게

▲ 구글이 개발한 자율주행차 시제품

도 영향을 미칠 테니까요. 그뿐일까요? 자동차 자체가 파손될 일도 없을 테니 자동차 수리점이나 부품 업계에도 영향이 있을 것이고, 사고가 나지 않으니 지금처럼 무겁고 단단한 쇠로 자동차를 만들어야 할 필요도 사라질 겁니다. 더 나아가 가벼운 소재의 자동차가 생산된다면 자동차의 에너지 효율도 늘어나겠죠. 또 지금처럼 안전거리를 지키지 않아도 되기 때문에 도로 활용의 효율성은 높아지고 교통체증은 줄어들 겁니다. 사람의 생명을 살리고 시간을 절약해주며 환경보호에도 일조하는 것이죠.

사람의 운전은 불법이 된다?

자동차 사고는 보통 사람이 낼까요, 아니면 자동차가 낼까요? 사고의 주 원인들이 음주운전, 운전 중 스마트폰 사용, 과속, 신호위반 등이니

대개는 사람이 낸다고 할 수 있습니다. 사실 사람이 그 무거운 쇳덩어리를 운전한다는 것은 무척 위험한 행위죠. 그에 반해 자율주행차는 과속도 신호위반도 음주운전도 하지 않습니다. 자율주행차가 대중화되고 안전성이 증명된다면 미래에는 사람이 운전하는 것이 오히려 불법이 될지도 모릅니다.

어떤 사람은 '운전하는 재미를 사람이 쉽게 포기하진 않을 것'이라고 반박하지만, 재미 때문에 사람을 죽게 할 수는 없겠죠. 운전하고 싶어 하는 사람을 위해 어쩌면 운전 체험장 같은 것이 생길지도 모르겠습니다. 우리가 지금 제주도에서 말 타기를 체험하듯이 말이죠. 물론 아직은 먼 미래의 얘기지만 허무맹랑하다고만 할 수는 없습니다.

이동 중인 자율주행차에서 할 수 있는 일들

벤츠에서 공개한 콘셉트형 자율주행차 F015의 실내를 보면 차 문의 안쪽에 디스플레이가 설치되어 있어서 탑승자가 터치로 다양한 기능을 실행시킬 수 있습니다. 또 좌석들은 굳이 앞을 향해야 할 필요가 없기 때문에 360° 회전이 가능하죠. 자동차 내부에서 사람들이 마주보고 회의를 하거나 좌석을 문 쪽으로 돌려 디스플레이로 영화를 감상할 수 있게 한 겁니다.

이렇듯 자율주행차가 개발될수록 사람들은 이동 중 자동차 안에서 보낼 시간을 활용할 여러 방법들을 연구하게 될 겁니다. 가장 먼저 떠오르는 것은 아무래도 엔터테인먼트겠죠. 이동 중 영화나 게임을 즐기거나, 가상현실을 이용해서 마치 다른 곳에 있는 것처럼 시간을 보내게 하

는 등 말입니다. 그 시간의 여유를 업무나 휴식에 활용하게끔 하는 방법들이 개발될 수도 있겠고요.

누군가는 이 자율주행차를 이용해서 상점을 오픈할지도 모르겠는데요, 이동식 카페나 이동식 마사지숍, 이동식 도서관 등 다양한 콘셉트의 자율주행 상점이 등장할 가능성도 있습니다. 특히 여행용 시설이 갖춰진 자율주행 카라반이라면 장거리 여행을 위한 인기 상품으로 떠오

▲ 자율주행 상점으로 활용 가능한 무인버스 '올리(Olli)'

를 수도 있겠습니다. 자동차 실내의 디스플레이 광고를 보거나 지정된 식당에 가서 식사를 하면 이용료가 할인 또는 전액 무료가 될 수도 있겠고요. 아직 본격적으로 시작된 것은 없으니 이 또한 여러분이 상상하기 나름이겠죠.

미래 사람들은 차를 사지 않는다?

사람들이 자동차를 구입하는 이유는 뭘까요? 자기과시가 목적인 분들도 있겠지만 대부분의 사람들은 집 앞에 세워두었다가 언제든 편리하게 이동하려는 목적으로 자동차를 살 겁니다. 대중교통수단은 시간이 오래 걸리는 데다 다른 사람들과 함께 이용해야 하니까요. 물론 택시를 호출해서 타는 방법도 있지만 이동할 때마다 택시를 이용하면 많은 비용이 드니 차라리 자동차를 사는 편이 낫습니다.

그런데 앞으로 자동차는 '소유'하기보다는 '공유'하는 것이라고 생각하는 사람들이 많아질 듯합니다. 실제로 미국의 우버와 리프트(Lyft), 중국의 디디추싱(滴滴出行, Didi Chuxing), 한국의 쏘카(Socar) 등 각국의 차량공유 서비스가 점차 확대되고 있는 추세입니다. 그중 가장 대표격이라 할 수 있는 우버의 기업가치는 약 680억 달러(약 76조 원)로, 약 37조 원인 현대자동차의 두 배가 넘습니다. 차량을 제조하는 기업의 가치를 차량공유 서비스 업체가 뛰어넘은 겁니다. 더불어 BMW, GM, 포드 같은 세계적인 자동차 제조사들도 공유 서비스를 제공하기 시작했으니, 자동차를 소유하는 시대에서 공유하는 시대로의 흐름은 당분간 이어질 것으로 보입니다.

만약 이러한 공유차량에 자율주행 기능까지 탑재된다면 차량공유 서비스는 날개를 다는 셈이 되겠죠. 필요할 때 호출해서 타고, 목적지에 도착한 후에는 주차할 필요도 없는 데다 사람이 운전하는 것이 아니니 인건비가 적게 들어 요금 또한 현재의 택시보다 저렴할 겁니다. 이러한 공유 서비스가 확대된다면 교통체증 및 대기오염 감소에도 긍정적인 영향을 주겠죠.

***

자율주행차가 상용화되기까지는 아직 선결되어야 할 과제가 많습니다. 자율주행차가 스스로 운전을 하다가 사고가 발생하면 그 책임이 자동차 제조사와 소유주 중 어느 쪽에 있는지에 관한 법적 문제, 자율주행차가 피할 수 없는 사고의 상황에서 다른 사람에게 피해를 입힐 것인지, 자동차 소유주에게 피해를 입힐 것인지와 같은 윤리적인 문제 등 쉽게 결정하기 어려운 수많은 사안들이 있죠.

하지만 자율주행차의 발달은 사람의 생명을 구하고 환경을 지키는 등 전반적으로 우리 삶에 기여하는 방향으로 진행될 것이라 기대됩니다. 물론 자율주행차 확대에 따라 운전기사, 운전면허학원, 주차장, 자동차 수리 업계 및 의료계 등 기존 자동차와 관련되는 직종이나 사업 분야들은 일거리가 줄어든다는 변화를 피할 수 없을 겁니다. 그러나 자율주행차를 셔틀버스나 이동식 상점, 광고 혹은 택배 수단으로 활용하는 사업, 또 자율주행차에 맞춘 실내 인테리어나 내부에 설치할 수 있는 가구 및 제품 개발 등 새로운 사업 분야가 탄생할 가능성도 얼마든지 있습니다. 변화의 흐름을 잘 파악하고 그에 맞춰 새로운 기회를 잡는 것이 중요하다는 뜻입니다. 자율주행차가 대중화될 미래에 시도해볼 만한 기회로는 어떤 것이 있을지 지금부터 찾아보시는 건 어떨까요?

새로운 시대, 화려한 각축전
_슈퍼 전기차들의 경쟁

최초의 전기차는 1834년 스코틀랜드의 로버트 앤더슨(Robert Anderson)이 발명한 것으로 알려져 있습니다. 기름을 넣는 내연기관 자동차보다도 먼저 발명된 것이죠.

초기에는 소리와 매연이 없는 전기차가 내연기관 자동차보다 더 큰 인기를 누렸다는데요, 1908년 포드에서 '모델T'라는 내연기관 자동차를 생산하기 시작하면서 상황은 완전히 바뀝니다. 컨베이어 벨트를 이용한 대량생산 방식으로 가격은 저렴하면서도 주행거리가 길어서 전기차의 단점을 보완한 획기적인 자동차가 등장한 것이죠. 게다가 텍사스에서 유전이 발견되며 기름값까지 저렴해진 덕분에 내연기관 자동차의 전성시대가 열립니다. 그렇게 현재 우리가 타고 다니는 자동차의 대중화가 시작된 겁니다.

새 시대를 맞이한 전기차

재미난 점은 당시에는 기름을 넣는 내연기관 자동차가 획기적인 미래의
교통수단으로 주목받았지만 100년이 지난 지금은 전기차가 그 자리를
차지했다는 것입니다. 아이러니하죠? 상황이 이렇게 달라진 이유로는
크게 두 가지를 생각해볼 수 있습니다. 첫째는 내연기관 자동차로 인한

▶ 1908년에 생산되기 시작한
　포드의 '모델T'

▼ 1899년 프랑스의 카미유 제나치
　(Camille Jenatzy)가 개발한
　전기차

환경오염입니다. 자동차가 내뿜는 온실가스는 환경에 악영향을 주기 때문에 '이대로 계속 내연기관차를 이용해선 안 된다'는 목소리가 전 세계에서 높아지고 있죠. 두 번째 이유는 전기차 성능의 획기적인 발전입니다. 느린 속도와 짧은 주행거리 때문에 골프장 카트 정도로만 이용되던 전기차가 이제 고급 스포츠카에 버금가는 성능을 보일 정도로 발전하면서 일상에서도 이용할 수 있는 수준에 도달한 것이죠.

포드의 모델T가 과거 전기차의 단점들을 보완해 자동차의 새 시대를 열었듯이, 이제는 내연기관차의 단점을 보완한 전기차들이 등장하며 또 다른 시대를 열려 하고 있습니다. 이번 장에서는 최근의 상황을 점차 바꿔가고 있는, 현재 세간의 주목을 받는 대표적인 전기차들을 소개하려고 합니다.

전기차계의 슈퍼스타 테슬라

포드가 내연기관 자동차의 시대를 연 주인공이라면 지금의 전기차 시대를 열고 있는 주인공은 미국의 테슬라라고 할 수 있습니다. 많은 분들이 테슬라의 창업자를 일론 머스크로 잘못 알고 계시는데, 테슬라는 2003년 마틴 에버하드(Martin Eberhard)와 마크 타페닝(Marc Tarpenning)이 설립한 기업입니다. 하지만 2004년 일론 머스크가 투자에 참여하기 시작했고 결국엔 그의 회사가 되어버렸죠. 그 전에 일론 머스크는 전자결제시스템인 페이팔(Paypal)의 성공으로 막대한 돈을 벌었는데요, 그 후엔 환경보호와 인류의 생존을 위해 신재생에너지, 우주 산업에 관심을 가지게 되었습니다. 그리고 자신의 꿈을 이루기 위한 방법 중 하나로 전

기차 기업에 투자하게 된 거죠. 일론 머스크가 이런 투자를 시작한 이유는 '많은 사람들이 이렇게 계속 내연기관 자동차를 사용한다면 지구 환경이 버텨내지 못할 것'이라 판단했기 때문입니다. 환경적인 면에서 내연기관차보다 뛰어난 자동차를 만들겠다는 일론 머스크의 꿈이 현대의 전기차 붐을 일으키는 데 결정적인 역할을 한 셈입니다.

테슬라 자동차에 대해서는 이제 많은 분들이 알고 계실 겁니다. 특히 주목할 만한 두 모델은 '모델S'와 '모델3'일 텐데요, 모델S는 테슬라의 사실상 첫 번째 히트작이라고 할 수 있습니다.

특히 '모델S P85D'는 2015년 미국의 「컨슈머리포트(Consumer Report)」로부터 100점 만점에 103점이라는 평가를 받으며 화제를 모으기도 했습니다. 당시 이 전기차는 시속 60마일까지 도달하는 데 걸리는

▲ 테슬라 최초의 보급형 전기차 '모델3'

시간(제로백)이 약 3.1초에 불과하고 한 번 충전으로 약 400km 이상 달릴 수 있는 등 기존 고급 내연기관 자동차를 뛰어넘는 획기적인 성능을 선보였죠. 게다가 테슬라는 중앙에 위치한 대형 태블릿으로 자동차의 기능을 컨트롤하고, 부분적 자율주행모드인 '오토파일럿(Autopilot)' 기능 추가, '슈퍼 차저(Super Charger)'라는 무료충전소 설치 등 혁신을 거듭하고 있습니다. 무언가 혁신적인 기업에 대해 이야기할 때 과거엔 '○○계의 애플'이라는 표현을 썼다면 이제는 '○○계의 테슬라'라고 할 정도로 테슬라는 전기자동차 회사를 넘어 혁신의 아이콘으로 자리 잡았습니다.

테슬라가 2018년 새롭게 출시한 최초의 보급형 모델인 '모델3'의 경우

가격이 3만 5,000달러(약 4,000만 원)로 저렴하면서도 테슬라의 혁신적 성능들을 모두 갖추고 있는데요, 이런 전기차가 계속 보급된다면 앞으로 자동차 시장에는 엄청난 변화가 일어날 것 같습니다.

라이벌들의 등장

테슬라가 성장함에 따라 그에 자극받은 경쟁사들도 속속 등장하고 있습니다. 대표적인 회사로는 패러데이퓨처(Faraday Future), 루시드 모터스(Lucid Motors), 니오(Nio) 등이 있는데요, 모두 테슬라에 버금가거나 보다 나은 성능 혹은 저렴한 가격을 내세워 소비자에게 어필합니다. 주

▼ 패러데이 퓨처의 전기차 'FF91'

▲ 루시드 모터스의 전기차 '에어'　　　　　　▲ 중국의 니오가 만든 전기차 'EP9'

목할 만한 점은 세 회사 모두 중국 기업들의 상당한 투자 지원을 통해 성장하고 있다는 것입니다. 그만큼 중국이 전기차 산업의 성장에 굉장히 적극적이고 관심이 많다는 뜻이겠죠.

패러데이 퓨처의 전기차 모델 FF91의 경우 1회 충전으로 약 610km를 주행하고, 정지 상태에서 시속 60마일까지 도달하는 데 약 2.4초밖에 걸리지 않는다고 합니다.

또 루시드 모터스의 모델 '에어(Air)'는 1회 충전으로 약 386km 주행이 가능한데 여기에 옵션을 추가하면 643km까지 주행거리가 늘어납니다. 또 후륜구동의 힘은 400마력, 4륜구동 옵션을 선택하면 1,000마력의 힘을 내어 슈퍼카 수준의 성능을 자랑한다고 하네요.

마지막으로 중국 상하이에 본사를 둔 니오에서는 'EP9'이란 모델을 공개했는데요, 스포츠카처럼 생긴 이 전기차는 1,342마력에 제로백 2.7초, 최고 속도는 시속 약 310km이며 1회 충전으로 가능한 최대 주행거리는 약 427km라고 합니다. 놀랍게도 EP9은 운전자 없는 자율주행으로 미국의 COTA(Circuits of the Americas) 자동차 서킷을 2분 40.33초

만에 주파하여 자율주행차로서는 최고 기록을 세우기도 했습니다. 라
이벌들의 도전이 무섭죠?

* * *

테슬라, 패러데이 퓨처, 루시드 에어, 니오 등 신생 전기차 회사들과 관련하여 또 한 가지 주목할 만한 점은
이들 모두가 자율주행 기능을 강조하고 있다는 것입니다. 미래를 지향하는 기업들이니만큼 처음부터 자
율주행 기능을 탑재한 차량 개발에 공을 들이고 있는 건데요. 이들이 앞으로 내놓을 전기차들이 최대 주
행거리, 최고 속도, 제로백 등 기존 자동차들과 비교되는 성능뿐 아니라 얼마나 정교한 자율주행 기능을
갖추는지도 눈여겨볼 만한 포인트가 될 것 같습니다.

현대기아차, 아우디, 벤츠, BMW 등 기존의 자동차 제조사들도 전기차 생산라인을 늘리고 있는데요. 소
비자들의 입장에서는 그만큼 다양한 전기차들에 대한 선택 범위가 넓어지는 이득이 생기겠죠. 물론 그에
따라 기존 내연기관 자동차 산업에도 적지 않은 영향이 있을 텐데요. 과연 이렇게 전기차들이 대중화된다
면 어떠한 변화들이 일어날까요?

자동차 관련 지형도가 바뀐다
_전기차가 가져올 미래의 변화

어느 동네 자동차 수리점에 테슬라 한 대가 들어옵니다. 운전자는 차가 이상하다며 점검을 해달라고 요청하지요. 40대 후반의 숙련된 수리 전문가가 나와 자동차 앞 보닛을 열고선 내부를 살펴보지만, 이내 당황한 기색이 역력한 얼굴로 아무것도 하지 못한 채 닫아버리고 맙니다. 왜 그랬을까요? 테슬라의 보닛 안은 텅 비어 있었기 때문입니다.

자동차 수리점이 문 닫는다?

내연기관 자동차는 엔진이 만들어
낸 에너지로 바퀴를 움직이지만, 엔
진 대신 모터를 사용하는 테슬라의
전기차는 각 바퀴에 달린 모터를 돌
려 바퀴를 움직입니다. 이 모터를 움
직이는 배터리가 차체 밑바닥에 깔
려 있는 데다 엔진을 사용하지 않으
니 엔진 오일, 점화플러그, 실린더,

▲ 텅 비어 있는 테슬라 전기차의 보닛 내부

타이밍 벨트 등 엔진과 관련된 수많은 부품들을 넣을 필요가 없어졌기
때문에 테슬라의 보닛 내부는 비어 있는 것이죠.

앞으로 전기차들이 점점 많아지면 지금 동네마다 있는 자동차 수리
점, 그리고 내연기관 자동차의 부품제조사와 판매사들은 어떤 영향을
받을까요? 아무래도 지금보다는 덜 바빠지고 매출도 줄어들겠죠. 대신
전기차 수리 전문가, 전기차용 소프트웨어 개발자, 자율주행 기능을 위
한 센서 제조사, 전기차용 배터리 등 새로운 직종과 산업이 생겨날 겁니
다. 이것이 우리가 첫 번째로 예상해볼 수 있는, 전기차 보급으로 인한
미래의 변화입니다.

달리는 컴퓨터? 바퀴 달린 스마트폰?

두 번째로 예상할 수 있는 것은 자동차라는 개념 자체의 변화입니다.

"다음 달에 있을 소프트웨어 업그레이드를 통해 '모델S P100D'의 제로백을 2.4초로 단축시킬 겁니다." 테슬라의 CEO 일론 머스크가 2016년 11월 자신의 트위터(Twitter)에 적은 글입니다. 기존 내연기관 자동차들은 성능 향상을 위해 부품을 바꿔야 했습니다. 하지만 테슬라 같은 첨단 전기차들은 소프트웨어 업그레이드로 속도와 성능을 향상시킬 수 있죠. 실제로 테슬라의 자율주행 기능인 오토파일럿은 이런 방법으로 그 성능이 점점 좋아지고 있습니다. 즉, 겉은 자동차의 모습이지만 내면을 보면 바퀴 달린 스마트폰, 달리는 컴퓨터라고 할 수도 있는 셈이죠.

특히 자율주행 기능을 실행하려면 수많은 센서로부터 수집된 엄청난 양의 데이터를 빠른 속도로 처리해야 하는데요, 이를 위해 전기차 내부에는 최고 성능의 CPU, 그래픽 카드, 메모리를 포함한 슈퍼컴퓨터급의 컴퓨터 시스템이 탑재되어 있습니다. 기존 내연기관 자동차과 비교해보면 동력전달 장치들이 사라진 만큼 디지털 정보처리 장치와 소프트웨어의 비중이 더욱 커진 것이라고 할 수 있겠는데요. 덕분에 앞으로 자동차 업계 종사자들의 분야별 구성도 달라질 것으로 예상됩니다. 현장에서 차를 분해하며 작업하는 사람보다는 컴퓨터와 연결해 작업하는 사람의 수가 늘어날 테니까요.

줄어드는 주유소, 늘어나는 충전소

내연기관 자동차 수가 줄어드는 만큼 주유소도 감소 추세에 돌입할 것이라는 게 우리가 예상할 수 있는 세 번째 변화입니다. 혹시 여러분 주변에 '은퇴 후 주유소나 차려서 노후자금을 마련하겠다.'는 사람이 있다면 다시 한 번 생각해보라고 설득하는 편이 좋겠습니다. mp3로 음악을 듣는 사람들이 늘어나고 있는데 음반 가게를 열겠다는 셈이니까요. 향후에는 주유소 대신 전기차 충전소가 꾸준히 늘어날 것으로 보이는데요, 현재는 주로 고속도로 휴게소나 대형마트를 중심으로 구축되고 있습니다만 앞으로는 아파트 주차장에도 마련되어 우리가 자는 동안 자동차를 충전하는 것이 가능해질 것 같습니다.

▼ 테슬라의 급속 충전소 '슈퍼 차저'

하지만 이 충전 문제는 전기차의 가장 큰 단점으로 꼽히기도 합니다. 급속 충전을 한다 해도 30분, 완속 충전에는 5시간 이상이 소요되니까요. 내연기관 자동차의 주유에 필요한 시간이 2~3분 정도임을 감안하면 이는 말도 안 되게 불편한 점임을 알 수 있습니다. 때문에 충전 시간을 단축시키거나 배터리

를 손쉽게 교환하는 방식 등 다양한 각도에서 이 문제를 해결하려는 시도가 이어질 텐데, 멋진 해결책이 나오기 전까지는 전기차를 충전하는 동안 그 시간을 지루하지 않게 보낼 수 있는 쇼핑, 엔터테인먼트 산업에 기회가 생길지도 모르겠습니다. 실제로 테슬라의 충전기가 설치된 곳을 살펴보면 이마트, 여주 아울렛, 하남 스타필드 같은 곳인데요, 이는 결국 충전하는 동안 머물며 시간을 보내야 하는 운전자들의 지갑을 노린 전략이라 할 수 있겠습니다.

'전기차, 살까 말까' 소비자 심리의 변화

마지막으로 예상해보는 네 번째 변화는 자동차 구매 시기의 혼란입니다. 전기차는 충전도 오래 걸리고 가격도 비싼 데다 아직 완벽하게 검증되지도 않았지만 주유비를 비롯한 유지비의 감소, 환경에 대한 긍정적인 영향, 호기심 등의 이유로 구매를 희망하는 사람은 늘어날 겁니다. 그렇다면 문제는 '전기차를 언제 살까'가 되겠죠. 전기차가 대세긴 하니 언젠가 전기차로 갈아타기는 해야 할 것 같은데, 성능이 급속도로 좋아지고 있는 데다 몇 천만 원짜리임을 생각하면 당장 선뜻 구매하는 것이 쉽진 않을 겁니다. 지금 나와 있는 최신 전기차는 최대 주행거리 300km를 자랑하지만 2~3년 뒤에는 500km를 넘는 차가 나올 수도 있고, 충전 속도가 획기적으로 향상된 자동차가 등장할지도 모르니까요. 또 새로운 전기차를 구입하기 위해 예전에 타던 구식 전기차를 중고차 시장에 내놓으면 얼마의 돈을 받을 수 있을까요? 과연 절반 가격에 팔 수는 있을지 궁금해지기도 합니다.

전기차에는 아직 이렇게 불확실한 요소가 많으니 차라리 내연기관 자동차 신모델을 구매하겠다고 결정한다 해도, 앞으로 전기차의 인기가 좋아지면 내연기관 자동차의 가격은 어쩔 수 없이 하락하게 될 겁니다. 최근에는 기름과 전기 모두를 동력으로 하는 하이브리드 자동차의 판매가 증가하고 있는데요, 가격도 비싸고 전기차가 가지는 장점을 완벽히 누릴 수 없기 때문에 이 역시 올바른 선택인지 고민이 됩니다.

이런 문제들이 있기 때문에 앞으로 자동차 제조사 또는 중고차 판매점 등에서는 구형 전기차 소유주가 최신 전기차로 교체할 때 비용을 지원해준다거나 다양한 프로모션을 시행하면서 고객의 부담을 줄여주려는 전략들을 펼칠 것으로 보입니다. 예전에 휴대폰 시장이 피처폰에서 스마트폰으로 넘어갈 당시 각 휴대폰 판매점들은 어떻게든 피처폰을 팔아서 재고를 줄여야 한다는 압박에 시달렸는데요, 향후 자동차 시장에서는 특히나 자동차 딜러들이 이와 비슷한 상황을 피하기 어려울 것으로 예상됩니다.

***

내연기관 자동차에서 전기차로 점차 전환됨에 따라 야기되는 다양한 변화들은 우리 산업과 생활 전반에 큰 영향을 미칠 것으로 보입니다. 언뜻 보기에는 자동차 수리점, 주유소, 중고차 거래소 등 기존 산업에 위기만 한가득 닥칠 것 같지만, 변화가 생긴다는 것은 그 변화에 적응하기 위한 새로운 기회 역시 발생한다는 것을 뜻하기도 하죠. 앞으로 전기차의 대중화가 이어질수록 전기차 충전소, 자동차 소프트웨어 개발자, 센서 개발자, 전기차 수리 전문가, 전기차 전문 딜러, 이동식 배터리 충전 사업, 충전소 안내 애플리케이션 등 수많은 새로운 기회들이 생겨나게 되겠죠. 여러분은 이러한 변화 속에서 어떤 기회들을 내 것으로 만들고 싶으신가요?

위기를 기회로
만드는 태도의 힘

미래 트렌드와 관련된 강연에서 가끔 저는 청중들에게 "앞으로 대한민국이 더 좋아질 것 같나요? 아니면 더 어려워질 것 같나요?"라고 질문하며 거수투표를 부탁합니다. 그러면 대부분은 앞으로 더 어려워질 것이라는 쪽에 손을 듭니다. 상당수의 사람들이 대한민국의 미래에 대해 긍정적으로 생각하지 않는다는 것을 알 수 있는 부분입니다.

실제로 우리가 살아갈 미래에는 굵직굵직한 위기 요소들이 진을 치고 기다리고 있습니다. 고령화에 따른 복지비용 증가와 생산가능인구의 감소, 내수시장 축소, 저성장과 만성적인 공급과잉 문제, 실업률 증가, 빈부격차 심화, 가계부채 증가, 지구온난화와 환경오염 문제, 그리고 인공지능과 로봇 등 자동화 기술의 발전으로 인한 직업의 변화와 일자리 부족 등이 그 예죠. 그 밖에도 수많은 문제들이 대한민국의 미래에 부정적인 영향을 줄 것으로 예상되는데, 그와 반대로 희망적인 것들은 쉽게 떠오르지 않는 것도 사실입니다.

하지만 상황이 이렇다고 해서 모든 사람들이 어려움을 겪는 것은 아닙니다. 위기 속에서도 기회를 잡는 사람들은 언제나 존재했으니까요. 중국 격언 중에는 "바람이 불면 어떤 이는 담을 쌓고, 어떤 이는 풍차를 만든다."라는 것이 있습니다. 앞으로 경제가 어려워진다고 돈을 아끼고 모험을 꺼리며 방어적인 태도로만 세상을 살아가는 사람에게는 미래가 암울하게만 느껴질지 모릅니다. 그렇기 때문에 이러한 위기 상황을 기회로 여기는 긍정적인 삶의 자세가 미래에 행복한 삶을 살아가는 데는 매우 중요한 요소가 될 겁니다.

특히 앞으로는 변화하는 세상에 적응하기 어려운 데서 빚어지는 문제들이 상당할 것으로 예상됩니다. 인구구조가 청년 중심에서 노인 중심으로 재편되는 것, 급성장했던 경제환경이 만성적인 저성장 상태에 머무는 것, 인간의 노동이 육체노동과 지식노동을 지나 창의노동 혹은 유희노동으로 바뀐다는 것 등 앞으로의 위기는 곧 '변화에 어떻게 잘 적응하는가'에 대한 문제기도 한 것이죠. 그렇기 때문에 세상의 변화를 보다 폭넓게 파악하고 이런 사회에서 새롭게 요구되는 것들을 충족시키기 위한 쪽으로 활동을 해나간다면, 지금 우리가 '위기'라고 부르는 변화들이 반드시 국민 모두에게 절망만을 안겨주지는 않을 겁니다.

가령 인구고령화는 다양한 문제점을 발생시키는 변화지만 이것이 기회로 작용하는 분야도 있습니다. 요실금 팬티처럼 노인들을 위한 맞춤형 아이템 개발, 바이오 헬스케어, 노인 요양, 시니어 교육 등은 고령층의 증가로 기회와 성장을 맞이하고 있는 분야에 해당합니다.

저성장도 마찬가지입니다. 저성장 시대라 해서 모든 사람들이 소비를 줄이는 것은 아닙니다. 샤오미(Xiaomi) 보조배터리처럼 가성비 좋은 제품의 인기가 높아지고, 해외직구가 늘어나며, 우버나 에어비엔비(Airbnb) 같은 공유경제 산업이 성장세를 보이는 이유는 지금이 저성장 시대기 때문이죠.

그 밖에도 환경오염으로 인해 공기청정기나 미세먼지 마스크의 매출은 상승 중이고, 자동화가 트렌드로 지속되면서 데이터과학자, 로봇공학자, 센서 제조업 등은 미래 유망 직종으로 꼽히며 직업 수요를 늘려가고 있습니다. 이러한 것들은 모두 위기를 기회로 만든 예입니다. 앞서 말한 중국 격언에 나오는, 방어적으로 담을 쌓는 대신 풍차를 만드는 것을 선택한 사람들만이 이런 기회를 잡을 수 있죠.

예상되는 위기 상황을 지나치게 긍정적으로만 바라보고 그에 대비조차 하지 않는 것에도 문제가 있지만, 향후 다가올 변화들을 모두 위기로만 인식하고 희망이 없다고 여기며 방어적인 삶을 살아가는 것은 더욱 큰 문제가 아닐 수 없습니다. 인간의 수명이 100세에 이르는 장수 시대를 억지로 버티고만 살 수는 없으니까요. 위기를 기회로 바꾸기 위해 긍정적인 면을 발견하고 적극적으로 끊임없이 공부하며 노력하는 자세, 이것이 우리가 미래의 삶을 잘 살아가는 데 필요한 가장 기본적인 요소가 아닐까 합니다.

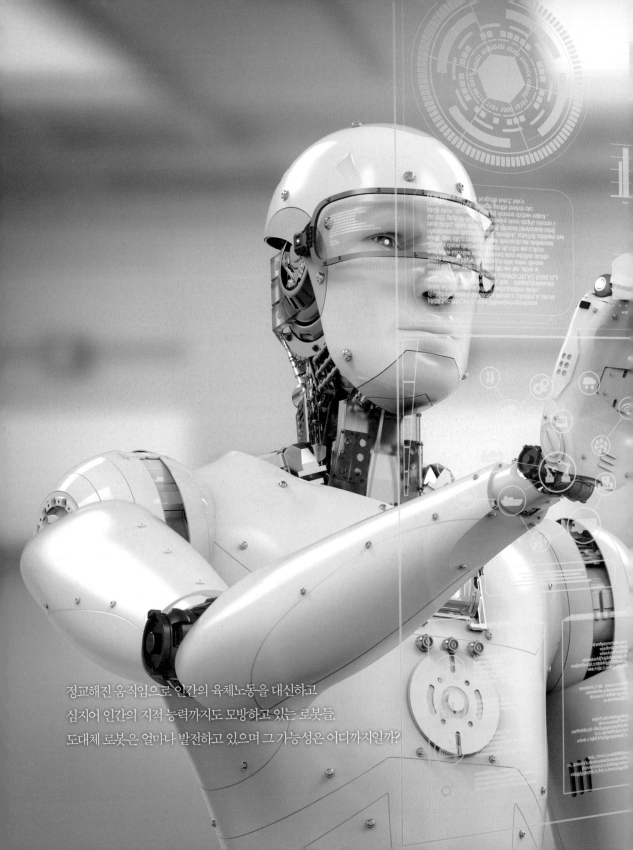

정교해진 움직임으로 인간의 육체노동을 대신하고
심지어 인간의 지적 능력까지도 모방하고 있는 로봇들.
도대체 로봇은 얼마나 발전하고 있으며 그 가능성은 어디까지일까?

PART 04

로봇과
인간의 미래

가족 사진은 로봇과 함께
_가정용 로봇과의 동거

우리 집에 로봇이 함께 살고 있다면 어떤 느낌일까요? 사실 로봇과의 동거는 아직까지 영화 속의 일로만 느껴집니다. 사람처럼 행동하고 자연스럽게 대화를 주고받는 영화 속 로봇들의 모습이야 어릴 적부터 봐왔지만, 그런 로봇들이 현실에 등장하려면 무척 오랜 시간이 걸릴 것이라 생각했으니까요.

그런데 사람과 대화를 하고 사용자의 명령을 수행하는 가정용 인공지능 로봇이 몇 년 전부터 실제로 판매되기 시작했습니다. 로봇과의 동거가 드디어 시작된 것이죠. 우리 집에 함께 사는 가족 같은 나의 동거 로봇! 여러분은 어떤 로봇과 함께 살고 싶으신가요?

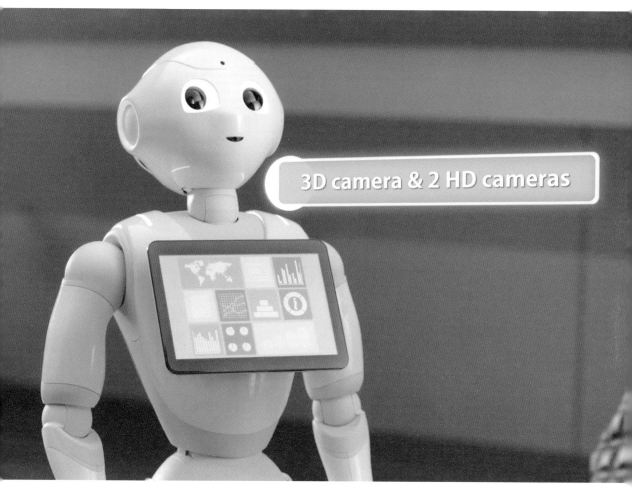

3D camera & 2 HD cameras

▲ 소프트뱅크의 가정용 인공지능 로봇 '페퍼'

가정용 감정인식 인공지능 로봇 '페퍼'

가정용 로봇 개발의 스타트를 끊은 기업은 일본의 소프트뱅크입니다.

소프트뱅크는 인공지능을 탑재하고 사람처럼 머리와 두 팔을 가진 가정용 인공지능 로봇 '페퍼'를 2015년 6월부터 판매하기 시작했는데요, 이로써 영화 속에서나 보던 인공지능 로봇과의 동거가 실제로 가능해졌습니다. 페퍼의 가격은 최신 스마트폰의 두 배 정도에 해당하는 약 200만 원선인데, 출시 1분 만에 1,000대가 모두 완판되어 화제를 모으기도 했습니다.

페퍼가 할 수 있는 일은 기본적으로 사람의 말상대가 되어주는 것, 그리고 가슴에 장착된 디스플레이로 메시지를 보여주는 것이지만 앱을 설치하면 아이들에게 동화를 읽어주는 등 다양한 콘텐츠를 실행시킬 수 있습니다. 이 로봇이 주목을 받은 또 다른 이유는 사람의 감정을 인식하고 상황에 맞춰 대화를 나눌 수 있기 때문인데요, 주인이 우울해하면 위로해주고 기뻐하면 함께 즐거워하는 식입니다. 영화에서 보던 인공지능 로봇에 한 걸음 더 다가간 느낌이죠?

가정용 로봇이긴 하지만 페퍼는 기업용으로도 출시되어 아르바이트를 하기도 합니다. 카페나 은행 등에 배치되어 간단한 고객응대 업무를 할 수 있죠. 페퍼를 아르바이트생으로 쓸 경우 시급은 1,500엔, 우리 돈으로 약 1만 5,000원 정도라고 하네요.

하지만 가정용 인공지능 로봇이라는 존재 자체가 아무래도 아직은 생소하기 때문에 소프트뱅크 측은 페퍼가 사람들에게 어떻게 친숙하게 다가갈 수 있을지 많이 고민했을 겁니다. 커다란 눈과 새하얀 몸체, 그리고 아이 말투를 페퍼가 가지게 된 것도 그 결과일 테죠. 이에 그치지 않고 소프트뱅크는 페퍼로 하여금 개그나 유명 체조를 따라 하게 해서 사람들에게 유머러스한 존재로 각인시키기 위한 마케팅을 벌이고 있는데요, 이 역시 로봇이 가질 거리감을 줄이기 위한 전략이라고 할 수 있겠습니다. 하지만 이러한 노력을 기울였음에도 페퍼가 무섭다는 반응이 있는 것 또한 사실입니다. 어두운 밤에 파란 LED 눈이 빛나는 로봇과 마주치게 된다면 흠칫흠칫 놀랄 것 같기도 합니다.

귀여운 로봇 전화기 '로보혼'

페퍼가 너무 커서 무섭다면 핸드폰 크기 정도의 작은 로봇은 어떨까요? 귀여움이 한층 배가되겠죠? 일본의 샤프에서는 손바닥 크기의 인공지능 로봇 전화기 '로보혼'을 2016년에 출시했습니다. 가격은 페퍼와 비슷한 200만 원 정도입니다. 페퍼가 다리 대신 바퀴를 이용해 이동하는 반면 로보혼에는 머리와 두 팔, 두 다리가 있어서 보다 사람에 가까운 모습이고, 당연히 두 다리로 걷거나 물구나무서기와 같은 복잡한 동작도 가능합니다.

© gettyimages
▲ 샤프의 로봇 전화기 '로보혼'

　로보혼은 기본적으로 '전화기'라서 사용자는 스마트폰 액정처럼 되어 있는 로보혼의 등 부분을 전화기로 사용할 수 있습니다. 하지만 메시지가 도착하면 로보혼이 귀여운 목소리로 메시지를 읽어주기 때문에 굳이 액정화면을 확인할 필요가 없습니다. 그 밖에도 검색, 계산, 맛집 추천, 사진 촬영 등 다양한 기능이 로보혼에는 있는데요, 머리에 소형 프로젝터가 달려 있어서 사진이나 영상을 크게 확대해 볼 수 있다는 것도 재미있는 점입니다.

　또한 로보혼은 크기가 작은 덕분에 목에 걸거나 가방에 넣어 다닐 수 있고, 내가 가는 곳 어디든 주변에 꺼내놓고 사용할 수 있다는 것이 장점입니다. 과연 우리 생활에서 가장 유용하게 사용될, 그리고 사람들에게 가장 사랑받을 로봇의 사이즈는 어느 정도일지 궁금해지네요.

말이 없어 더 사랑스럽다, 큐리

▲ 메이필드로보틱스가 만든 '큐리'

여러분은 로봇이 말을 하는 것이 좋으신가요, 아니면 안 하는 편이 좋으신가요? 로봇인데 사람처럼 너무나 자연스럽게 이야기를 하면 무서울 것 같고, 그렇다고 부자연스럽게 이야기를 하면 답답함과 거부감이 들겠죠. 그렇다면 아예 사람 말을 못하는 가정용 인공지능 로봇은 어떨까요? 미국 메이필드 로보틱스(Mayfield Robotics)에서 만든 '큐리(Kuri)'는 말도 하지 못하고 디스플레이도 탑

재되어 있지 않은 인공지능 로봇입니다. 하지만 귀여운 두 눈을 깜빡이고 고개를 끄덕이며 사람과 교감을 하죠. 또 인간의 언어로 말하지 않는 대신 "뾰롱" 소리 같은 기계음으로 대답을 합니다. 픽사의 애니메이션 〈월-E〉에 나오는 로봇을 생각하시면 될 것 같네요. 비록 말은 못하지만 그래서 오히려 더 사랑스러우니까요. 실제로 큐리의 디자인에는 픽사에서 오랫동안 일했던 애니메이터가 참여했다고 합니다. 덕분에 디자인 면에서 다른 로봇과의 차이가 뚜렷해졌죠.

큐리는 펭귄 날개처럼 생긴 두 팔을 움직일 수 있고, 바퀴가 달려 있어서 집 안을 이동하는 것도 가능합니다. 사람 말을 알아듣기 때문에 음악을 재생하거나 집 안의 사물인터넷을 제어하고 사진을 촬영해주기도

하죠. 움직임이 정교하거나 디스플레이가 달려 있지는 않지만 그 어느 로봇보다도 사랑스러운 캐릭터가 강점입니다. 이 로봇을 보시면 아마도 '가정용 로봇이라도 말을 하지 않는 편이 오히려 사람에게 더 사랑받을 수도 있겠구나.' 하는 생각을 하게 되실지도 모르겠습니다. 애완용 강아지나 고양이가 인간과 언어로 대화를 나눌 수 없어도 사랑스러운 존재인 것처럼 말이죠. 큐리의 가격은 약 80만 원 정도라고 합니다.

동그란 디스플레이를 가진 로봇, 지보

2014년 크라우드펀딩 사이트에 등장하며 큰 주목을 받은 로봇이 있습니다. 바로 미국의 '지보'입니다. 미국 MIT 연구진이 탄생시킨 지보는 팔다리 없이 동그런 디스플레이만 갖고 있는데요, 이 디스플레이로 인공지능의 얼굴 표정을 보여주거나 정보를 표시해주는 역할을 합니다.

▲ 동그란 디스플레이가 특징인 '지보'

사람 말을 알아들을 수 있기 때문에 지보는 사용자와 대화가 가능하고 정보 검색, 전화, 메시지 전달, 사물인터넷 제어 등 다양한 일들을 할 수 있습니다. 우리가 고개를 돌리는 것처럼 지보는 둥근 디스플레이를 스스로 움직이기도 하죠. 다리나 바퀴가 달려 있지는 않아서 지보는 한 곳에 고정해놓고 사용해야 합니다.

가격은 약 85만 원 정도이며 한국의 제조사와 통신사가 투자했기 때문에 국내에서 만나볼 가능성이 가장 높은 인공지능 로봇이라는 기대를 받았지만 안타깝게도 줄시가 계속 미뤄지고 있는 상황입니다. 콘셉트 제품을 실제로 만들어 소비자들에게 정식으로 판매하기까지는 그만큼 많은 어려움이 있다는 뜻이겠죠?

가족 건강지킴이 로봇, 필로

아예 한 가지 기능에 특화된 가정용 인공지능 로봇도 있습니다. 미국 필로헬스(Pillo Health)사가 만든 건강관리 로봇 '필로(Pillo)'가 그 주인공이죠. 지보와 마찬가지로 필로 역시 둥그런 디스플레이만 가진 고정형 제품인데요, 카메라로 사람을 인식해 각 개인에게 맞는 약을 챙겨주거나 건강 관련 질문에 대답하고, 필로의 디스플레이와 카메라를 통해 사용자가 실제 의사와 화상통신으로 진료를 받는 것도 가능합니다. 정말 '건강관리'라는 기능 하나에 특화시킨 로봇인데요, 고령화가 진행되는 선진국에서 특히 혼자 사는 노인들의 건강관리에 유용하지 않을까 생각됩니다.

앞으로는 다양한 기능을 가진 만능 로봇이 아니라 이처럼 특정 기능

▼ 건강관리에 특화된 로봇 '필로'

을 강화한 로봇도 점차 등장할 텐데요, 엄청나게 뛰어난 다기능 로봇이 나오기 전까지는 우리가 각 기능별 장점을 가진 로봇 여러 대를 구매해서 함께 살게 될 가능성도 있을 듯합니다.

***

페퍼의 홍보를 위해 소프트뱅크가 만든 동영상 광고를 보면 끝부분에 이런 장면이 나옵니다. 어떤 가족이 한데 모여 가족사진을 찍는데 딸이 촬영을 잠깐 중단하더니 '함께 찍자'며 페퍼를 데려오는 것이죠. 그리고 가족 모두가 페퍼와 손을 잡고 사진을 촬영합니다.

저는 이 모습이 머지않은 미래에 실제로 일어날 일이라고 생각합니다. 우리 집에서 24시간 함께 생활하며 나의 말벗이 되어주는 인공지능 로봇은 단순히 가전제품 이상의 존재로 느껴지겠죠. 특히 태어났을 때부터 로봇과 함께 살게 될 미래의 아이들은 로봇을 정말 가족처럼 여기게 될 겁니다. 어쩌면 로봇은 강아지나 고양이 같은 반려동물과 라이벌 관계가 될 수도 있겠고요. 로봇과의 동거는 이제 막 시작 단계에 있으니, 사람들에게 가장 사랑받는 로봇을 만들어가는 것은 앞으로 수십 년간 인간의 과제가 될 것입니다.

02

로봇도 진화한다
_재난 로봇, 동물 로봇, 아바타 로봇

원전사고 현장에 한 대의 차가 도착합니다. 그런데 차에 타고 있는 것은 사람이 아닌 로봇입니다. 로봇은 차에서 내려 원전 시설의 문을 열고 들어가 밸브를 잠그고, 드릴로 벽에 구멍을 뚫고, 장애물을 피해 계단을 오르기도 합니다. 이 장면은 2015 세계재난구조로봇대회 '다르파 로보틱스 챌린지(DARPA Robotics Challenge, DRC)'에서 우승한 한국 카이스트의 로봇 '휴보(Hubo)'의 활약상입니다.

물론 휴보는 이전의 로봇에 비하면 성능 면에서 놀라운 발전을 이뤘지만 여전히 그 움직임은 부자연스럽고 사람만큼 빠르지 않습니다. 계단 오르내리기, 버튼 누르기 등 사람이라면 너무나 쉽게 할 수 있는 일들을 로봇은 아직도 어려워하는 데다 주변 상황이 조금만 바뀌어도 그 기능을 제대로 해내지 못하는 경우가 대부분이죠. 하지만 시간이 지날수록 발전 속도 또한 빨라지고 있는 것이 사실입니다. 이번 장에서는 진화하고 있는 놀라운 로봇들을 살펴보죠.

▲ 카이스트의 로봇 '휴보'

놀라움의 연속! 보스턴다이내믹스의 로봇들

가장 놀라운 로봇을 선보이는 곳은 역시 미국의 보스턴다이내믹스 (Boston Dynamics)사가 될 것 같습니다. MIT에 교수로 재직한 바 있는 마크 레이버트(Marc Raibert) 박사가 1993년에 설립한 이 회사는 로봇을 제작해 미국 국방부에 공급했고, 2013년 구글에 인수되었다가 2017년 6월 가정용 인공지능 로봇 '페퍼'를 판매하고 있는 일본의 소프트뱅크에 다시 인수되었습니다.

보스턴다이내믹스는 새로운 로봇을 만들 때마다 동영상으로 그 모습과 기능을 공개했는데요, 매번 사람들에게 충격을 안겨줄 정도로 놀라운 로봇들을 개발해온 덕에 유명세도 커졌습니다. 그중에서도 가장 유명한 것은 네 개의 다리가 달린 4족보행 로봇을 사람이 있는 힘껏 발로 걸어찼는데도 쓰러지지 않는 장면이었죠. 2015년에 개발된 '스폿(Spot)'

▲ 보스턴다이내믹스가 개발한 4족보행 로봇 '스폿'　　　▲ 기존의 스폿보다 작은 크기로 개발된 '스폿 미니'
🔺 팔다리가 달린 2족보행 로봇 '아틀라스'　　　🔺 다리가 아닌 바퀴를 달아 이동속도를 높인 로봇 '핸들'

이라는 이름의 이 로봇은 그만큼 뛰어난 균형감각을 가지고 있는 것이 특징이라서 사람과 함께 조깅을 하거나 언덕도 안정적으로 오르내리는 모습을 보여줬습니다.

　그로부터 1년 뒤인 2016년에 보스턴다이내믹스는 보다 작은 크기의 '스폿 미니(Spot mini)'를 공개했습니다. 공개된 영상에서는 크기가 작아진 덕분에 집 안에서 인간과 함께 생활할 수도 있다는 점이 강조되었죠. 스폿 미니는 벽과 테이블 사이를 지나다니고, 머리도 달려 있어서 쓰레기를 입으로 물어 쓰레기통에 버리거나 설거지가 끝난 컵을 입에 물어

옮기기도 합니다.

2족보행 로봇 '아틀라스(Atlas)'도 세간의 주목을 받았습니다. 아틀라스는 두 다리로 사람처럼 걸을 수 있는데요, 영상에서는 울퉁불퉁한 산속 지형에서도 균형을 잡고 걷는 모습을 보여주며 놀라움을 넘어 공포심까지 자아냈습니다. 또 두 팔이 달려 있기 때문에 스스로 문을 열고 밖으로 나가거나 물건을 옮길 수도 있죠. 시연 영상에서는 상자를 들어 올릴 때 사람이 그걸 내리쳐서 떨어뜨리거나 다른 곳으로 옮겨도 아틀라스가 상황을 파악하고 상자를 다시 찾아 들어 올리는 장면이 등장했습니다. 이 정도면 꽤나 사람과 비슷하다고 할 수 있겠죠?

재미난 점은 스폿을 발로 차는 장면, 그리고 상자를 들어 올리려는 아틀라스를 사람이 방해하는 장면을 접한 이들이 "불쌍해~"라는 반응을 보인다는 것입니다. 로봇이 더욱 정교하게 발전할수록 사람들은 로봇 또한 하나의 존중해야 할 대상으로 여기게 될지 모르겠습니다.

2017년 2월에 보스턴다이내믹스는 다리가 아닌 바퀴를 장착해서 보다 빨리 이동할 수 있는 '핸들(Handle)'이라는 로봇을 공개했습니다. 핸들은 빠른 이동속도뿐 아니라 장애물을 감지하면 점프해서 그것을 뛰어넘는 모습까지도 보여줬죠. 앞으로 보스턴다이내믹스가 얼마나 더 충격적이고 놀라운 로봇들을 개발할지 무척 기대됩니다.

동물의 움직임을 따라 하는 페스토 로봇

동물과 곤충의 움직임을 모방하여 로봇을 만드는 회사가 있습니다. 바로 독일의 페스토(Festo)사인데요, 새처럼 움직이며 하늘을 나는 로봇이나 캥거루처럼 깡총깡총 뛰는 로봇, 지느러미를 움직이며 물고기처럼 헤엄치는 로봇 등 정말 동물과 유사하게 움직이는 로봇들을 개발해 사람들의 감탄을 자아내는 회사입니다.

그중에서도 특히 개미로봇은 생긴 모습부터가 개미를 꼭 닮았는데요, 놀라운 점은 눈에 달린 카메라와 배에 달린 광센서를 통해 서로 통신을 주고받으며 협업을 할 수 있다는 것입니다. 주변 지형을 파악해 자율적으로 움직이다가 큰 물체를 옮길 때는 여러 개미로봇이 함께 힘을 합쳐 옮기는 것이죠. 정말 개미처럼 말입니다. 향후 기술이 더욱 발전한다면 미래에는 로봇들끼리 의논해서 협업과 분업을 통해 다양한 미션을 수행하게 될 수도 있을 것 같습니다.

페스토는 아름다운 나비로봇을 개발해 공개하기도 했습니다. 초경량으로 만들어져 4분간 비행할 수 있는 이 나비로봇은 GPS 시스템을 이

▼ 상호 통신으로 협업이 가능한 개미로봇

▲ GPS 시스템을 이용하여 비행하는 나비로봇

▲ 빨판을 달아 물건을 잡는 방식이 적용된 문어발로봇

용해서 주변 사물이나 각자의 위치를 파악하며 자율적으로 비행을 하지만 서로 부딪히지는 않는다고 합니다. 여러 마리, 아니 여러 대의 나비로봇이 날개를 펄럭이며 함께 날아다니는 모습은 참 아름다운데요. 실내 정원에 날아다니는 것이 정말 나비인지 나비로봇인지 구별하기 힘들어지는 날이 올 수도 있겠습니다.

페스토가 가장 최근(2017년 3월)에 공개한 것은 문어발로봇입니다. 문어의 빨판 같은 흡착판을 달아 물체를 휘감거나 빨아들이며 꽉 잡는 방식을 구현한 로봇이죠. 덕분에 사람처럼 손가락을 달고 각 마디를 움직이게 하는 경우보다 간편하고 안정적인 느낌으로 물병을 잡아 물을 따르거나 둥그런 공을 움켜쥐는 등의 기능을 수행할 수 있습니다.

로봇을 개발할 때 반드시 사람과 똑같이 만들 필요는 없습니다. 동물, 곤충, 식물마다 사람을 능가하는 특성들이 있기 때문에 오히려 그런 면에서 영감과 아이디어를 얻는다면 보다 효율적으로 움직이는 로봇을 개발할 수 있을 테니까요. 이러한 생체모방 기술 역시 앞으로 발전이 기대되는 분야라 할 수 있겠습니다.

▲ 사람을 닮은 로봇 '제미노이드'

다양한 로봇들의 진화

이 외에도 우리가 언뜻 구별하기 힘들 정도로 사람과 닮은 로봇인 '제미노이드(Geminoid)'는 앞으로 점점 정교해질 로봇의 얼굴을 기대하게 하고요, 사람의 움직임을 멀리 떨어진 곳에서 그대로 따라 하는 아바타 로봇들은 사용자의 움직임을 그대로 모방해 위험 지역에서 사람을 대신해 미션을 수행해줄 것으로 예상됩니다. 또한 '유암 스위프트(uArm Swift)'처럼 가정에서 책상에 놓고 사용할 수 있는 소형 로봇팔도 속속 등장하고 있는데요, 이런 로봇들은 사용자가 원하는 기능을 컴퓨터로

간단히 코딩한 후 로봇팔의 끝 부분에 집게나 레이저커터를 달아 다양
하게 활용할 수 있을 겁니다. 앞으로 집에서 내 마음대로 프로그래밍하
여 사용할 수 있는 로봇들도 점점 늘어나겠죠.

***

하지만 로봇 발전에 대해 지나친 환상을 갖는 것은 조심해야 합니다. 로봇은 급격한 발전을 이루기보다는
차근차근 발전하는 분야인 만큼 갑자기 몇 단계를 뛰어넘는 획기적인 발전은 기대하기 힘들기 때문이죠.
바꿔 말하면 로봇은 지금 자라나는 세대들에게 기회가 있는 분야로 볼 수 있습니다. 아직까지 발전시킬
분야가 많다는 건 그만큼 로봇 산업에 기회가 많다는 뜻이니까요.

이런 일쯤은 내게 맡겨줘
_일자리를 대체하는 로봇들

기술은 과거부터 계속 발전하며 인간이 하던 일들을 대체해왔습니다. 예전이든 지금이든 인간이 기술을 발전시키는 이유는 여러 가지 일들을 더욱 쉽게 하기 위해서니까요. 그런 면에서 인류의 발전 역사는 곧 인류 불만의 역사라고도 할 수 있을 겁니다. 나무를 깎는 일부터 시작해서 빨래, 편지 보내기, 금속 자르기 등 과거에는 손도 많이 가고 시간도 많이 걸리던 일들이 기술 발달에 힘입어 비교할 수도 없을 정도로 수월해졌죠. 그리고 21세기를 살아가는 우리 역시 기술을 발전시키며 인간이 하기 싫어하는 일, 어려워하는 일들을 기계나 프로그램으로 대체해가고 있습니다.

그중 점점 사람을 닮아가는 로봇의 발달은 사람들의 감탄을 넘어 '이렇게 계속 발전하다가는 인간의 일자리를 다 가져가는 게 아닐까' 하는 두려움까지 줍니다. 더욱 정교해진 움직임으로 인간의 육체노동을 대신하고, 심지어 점점 똑똑해지며 인간의 지적 능력까지 모방하고 있는 로봇들의 발전! 도대체 로봇들이 얼마나 발전하고 있는 건지, 이번 장에서는 그 대표적인 사례 몇 가지를 소개해드리려고 합니다.

학습하는 공장로봇, 백스터

자동화 기술이 공장들에 적용되면 단순반복 업무는 로봇이 담당할 것으로 예상됩니다. 실제로 공장을 자동화하려면 설비구조를 상당 부분 바꿔야 하기 때문에 적지 않은 비용이 들어가겠죠. 그러니 규모가 크지 않은 영세 제조업체들의 입장에서는 시설 자동화가 결코 쉽지 않은 문제일 겁니다. 하지만 미국의 리씽크로보틱스(Rethink Robotics)사에서 만든 '백스터(Baxter)'를 이용하면 큰 비용을 들이지 않고도 자동화가 가능할 수도 있겠습니다.

백스터는 디스플레이가 장착된 머리와 두 개의 팔, 그리고 바퀴가 달

▼ 사람과 함께 일할 수 있는 공장로봇 '백스터'

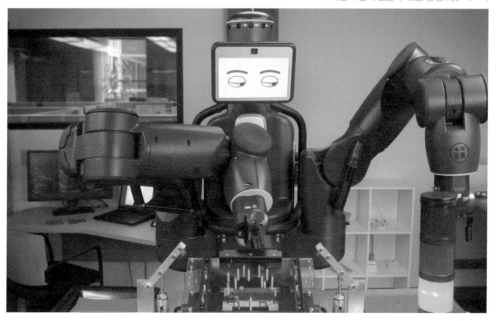

려 이동이 가능한 로봇입니다. 공간도 크게 차지하지 않기 때문에 사람이 일하던 장소에 백스터를 갖다놓으면 그 업무의 자동화가 이루어질 수 있겠죠. 더욱 좋은 점은 이 백스터라는 로봇은 업무를 학습시키기가 쉽다는 것입니다. 버튼을 누르고 백스터의 팔을 움직여 업무를 가르치면 백스터는 해당 업무를 기억 및 반복할 수 있는 데다 일을 하면 할수록 정확도가 높아진다고 하는군요. 또한 머리에 장착된 디스플레이에 눈이 표시되기 때문에 백스터가 어디를 보고 있는지 사용자가 알 수 있고, 백스터의 센서들은 사람의 위치를 파악해서 충돌을 피할 수도 있습니다. 다시 말해, 사람과 좁은 장소에서 함께 일해도 위험하지 않은 안전한 공장로봇으로 개발된 것이 백스터인 것이죠.

이 로봇의 가격은 2만 5,000달러, 약 2,800만 원 정도입니다. 한 사람의 1년 연봉과 비슷한 수준이죠? 만약 가격이 더 저렴해지고 성능이 향상된다면 분명 많은 고용주들이 사람 대신 로봇의 도입을 고려하게 될 겁니다. 상황 변화가 잦아 융통성 있고 노련하게 대처해야 하는 업무의 경우나 인건비가 로봇보다 저렴한 경우에는 사람을 고용하겠지만, 해야 하는 일이 비교적 단순하고 돌발 상황이 적은 업무라면 로봇이 대체할 가능성은 그만큼 높겠죠. 또한 작업량은 많은데 노동력은 모자란 경우에도 로봇을 통해 부족분을 보충할 수 있을 겁니다.

사람 대신 로봇이 일하는 호텔

일본에는 '헨나 호텔'이라는 로봇호텔이 있습니다. '헨나(変な)'라는 일본어는 한국어로 '이상한'이란 뜻이니까, 한국어로 하자면 이 호텔의 이름

▲ 일본 '헨나 호텔'의 공룡로봇 컨시어지

은 '이상한 호텔'이 되죠. 그 이름에 걸맞게 이곳은 약 200대의 로봇을 활용하여 정말 미래에나 등장할 법한 이상한 호텔을 구현했습니다. 입구에 들어서면 여성로봇 혹은 공룡로봇이 체크인을 도와줍니다. 음성 인식 기능과 인공지능이 탑재되어 투숙객과 대화를 하는 것인데요, 외국어로도 가능합니다. 또 짐을 객실까지 운반하거나 무거운 짐을 보관하는 일도 로봇이 맡아서 하고, 객실 안에는 귀엽고 작은 로봇이 배치되어서 객실 서비스를 도와줍니다. 투숙객은 이 로봇에게 음성으로 조명이나 에어컨, TV 등을 켜거나 꺼달라고 명령할 수 있죠. 이에 그치지 않고 이 호텔은 수족관 안의 물고기부터 호텔 내 레스토랑에서의 서빙에 이르기까지 다양한 곳에서 로봇을 활용하고 있습니다. 로봇이 없었다면 서른 명 정도의 직원이 근무했겠지만 로봇들 덕에 이 호텔의 직원은 단 일곱 명에 불과한데요, 이렇게 인건비를 줄였기 때문에 숙박비가 저렴하고, 그래서 투숙객들에게 인기가 높다고 합니다.

로봇들의 언어 능력이 발달하면 간단한 고객응대 업무를 맡을 수 있고, 또 컴퓨터 비전 기술이 발달하면 로봇이 장애물을 인식하고 알아서 피할 뿐 아니라 사람 얼굴도 구별할 수 있을 것으로 기대됩니다. 비록 매뉴얼에 나와 있지 않은 돌발 상황에 대처하는 능력과 세심한 서비스를 제공하는 데는 무리가 있지만 그 대신 숙박비가 저렴하다면, 그리고 호텔 종업원과의 대면 없이 숙박을 하고 싶은 경우에는 이런 무인 로봇 호텔을 더 선호하겠죠? 이런 형태의 호텔들은 앞으로 계속 늘어날 것이라 예상되는데요, 그에 따라 호텔 직원들은 자신들만의 서비스를 손님들에게 제공하며 로봇과의 차별화에 신경을 쓸 수밖에 없겠습니다.

요리사를 대체할 로봇팔의 등장

재료를 씻고 다듬고 섞은 뒤 간을 맞추고 알맞은 온도로 굽는 일까지,

▼ 영국의 몰리로보틱스가 개발 중인 자동요리 시스템 '몰리'

요리는 로봇이 하기에 너무나 어려운 일 같습니다. 하지만 복잡한 요리 과정은 물론 설거지까지 모두 할 수 있는 로봇이 개발되고 있습니다. 바로 영국의 몰리로보틱스(Moley Robotics)사에서 개발 중인 요리하는 로봇팔 '몰리(Moley)'인데요, 주방 시스템 위쪽에 달린 로봇팔이 내려와 주방의 집기들을 사용해 사람처럼 요리를 해줄 수 있다고 합니다.

이것이 가능한 이유는 실제 요리사의 움직임을 3D로 캡처한 뒤 그대로 따라 할 수 있기 때문입니다. 즉, 몰리는 '내가 좋아하는 셰프의 요리 콘텐츠를 선택하면 그 음식을 우리 집에서도 즐길 수 있다'는 콘셉트의 로봇 제품인 것이죠. 이 로봇은 2018년 출시를 목표로 하고 있는데요, 과연 어느 정도까지 정교한 요리가 가능할지 무척 궁금해집니다.

물론 몰리가 처음부터 복잡한 요리를 완벽하게 할 수 있을 것이라고 기대하진 않습니다. 하지만 기술이 발전할수록 몰리가 할 수 있는 요리들도 늘어나겠죠. 우리가 이 사례에서 얻을 수 있는 힌트는 사람의 행위를 그대로 따라 하는, 그리고 반복하는 능력은 로봇이 잘 수행할 수 있는 것이라는 점입니다. 게다가 지치지 않고 24시간 내내 할 수 있다는 것도 사람보다 나은 점이죠. 그렇기 때문에 조금 먼 미래에 요리사를 꿈꾸는 사람에게는 단순히 레시피대로 음식을 만들어내는 능력보다 새로운 요리를 개발하고 다른 곳과의 차별화를 이끌어내는 창의성이 중요해질 것임을 짐작할 수 있습니다. 식당을 오픈하려는 사람이라면 앞으로 요리 자체는 로봇에게 맡기고, 인테리어나 서비스 등 요리 외의 요소들로 어떻게 하면 손님들에게 특별한 경험을 제공할 수 있을지에 대한 고민이 깊어질 듯합니다.

물건을 배송해주는 배달 로봇의 발달

▲ 스타십테크놀로지가 개발한 배달 로봇

전 세계적으로 온라인 쇼핑이 늘어나며 택배 배달도 지속적인 증가 추세에 있습니다. 또한 한국은 배달음식 문화도 잘 발달해 있어서 음식 배달에 종사하는 사람들 역시 많은 편이죠. 그런데 과연 미래에도 사람이 이 모든 배달을 하게 될까요?

영국을 기반으로 하는 스타십테크놀로지(Starship Technologies)사에서 개발한 배달 로봇은 자율주행으로 인근 지역에 30분 내로 물건을 배달해줍니다. 이 로봇은 시속 6km의 속도로 사람이 걸어 다니는 인도 위를 이동하고, 장애물을 알아서 피하며, 다른 사람이 지나갈 때는 잠시 멈춰 서기도 합니다. 즉, 사람이나 도로를 달리는 자동차에 피해를 주지 않는 것이죠. 제조사 측에 따르면 실제로 8,000km 정도의 시험운행을 진행했지만 단 한 건의 사고도 일어나지 않았다고 합니다. 센서, 인공지능, 그리고 자율주행에 탑재되는 기술들이 발달하며 배달 로봇의 기능도 점차 향상될 텐데요, 돌발적인 상황에 얼마나 잘 대처할 수 있는가에 따라 로봇이 배달 직종 인력을 대체하는 것의 여부도 결정될 것 같습니다.

* * *

이러한 로봇들의 특징을 살펴보다 보면 결국 정답이 분명한 업무, 돌발 상황이 일어날 가능성이 없는 단순 반복 업무는 자동화가 가능하다는 점을 알 수 있습니다. 그렇다고 이 점이 우리에게 반드시 비관적으로만 작용하지는 않을 겁니다. 아무리 기존의 업무들이 로봇에 의해 대체된다 해도 시대와 세상의 변화에 따라 새로운 업무와 직종이 생길 텐데, 그와 관련된 데이터가 충분히 축적된 상태가 아닌 만큼 이런 분야에서는 로봇보다 상황대처 면에서 뛰어난 인간의 능력이 필요해질 테니까요.

다시 말해 인간의 일자리를 대체할 것이라고 여겨지는 로봇들은 그만큼 인간이 하기 싫어하는 일들을 대신해줄 존재가 될 테고, 그 덕분에 우리는 그보다 더욱 고차원적이거나 새로 생겨날 업무에 집중하는 것이 가능해질 것이라는 뜻입니다. 그러니 이런 로봇들의 발달을 꼭 우려의 시선으로 볼 필요는 없겠죠?

미래의 연애와 결혼

'뉴노멀(New Nomal)'이란 말이 있습니다. 앞으로의 세상은 높은 실업률과 저성장, 불확실성 같은 것들이 보통인 세상이 될 것임을 의미하는 표현인데요, 이는 결국 한창 연애할 나이인 20~30대 청춘들의 주머니가 얇아진다는 것을 뜻하기도 합니다. 우리에게도 이미 '삼포 세대'라는 신조어가 있죠. 취업은 되지 않고 앞으로도 안정적으로 돈을 벌 희망이 없으니 연애, 결혼, 출산을 포기하는 세대가 등장하고 있는 것입니다.

한국보다 먼저 장기불황에 돌입한 일본의 경우 이미 지금으로부터 약 10년 전, 연애와 결혼에 관심 없는 남녀를 가리키는 '초식남' '건어물녀'라는 신조어가 만들어졌습니다. 2011년 일본 국립사회보장·인구문제연구소의 조사에 따르면 일본 미혼 남녀 열 명 중 네 명은 성경험이 없다고 하는데, 경제 변화가 연애는 물론 인간의 본능이라고 할 수 있는 번식까지도 포기하게 했다는 점에 놀라지 않을 수 없었습니다.

한국의 경우도 크게 다르지 않습니다. 통계청의

'2016년 혼인·이혼 통계'에 의하면 2016년 혼인 건수는 28만 1,600건이었는데, 이는 25만 9,100건을 기록했던 1974년 이후 최저치라고 합니다. 장기불황으로 결혼을 부담스러워하는 사람들이 늘고 있다는 점에서 한국의 상황은 점점 일본을 닮아가고 있습니다. 국가 차원에서 청년층의 실업 문제를 해결하고 신혼부부를 위한 자녀양육과 주택마련 지원 등의 투자를 적극적으로 실시하지 않으면 한국 젊은이들의 연애와 결혼은 점점 더 어려워질 것이라 생각됩니다.

그렇다면 미래에 연애나 결혼하는 사람들의 모습은 지금 사람들과 같을까요? 아마 미래에는 결혼보다 동거를 선택하는 커플이 증가할지도 모릅니다. 청년들이 결혼을 꺼리는 이유는 경제적인 것도 있지만 개인의 삶을 중시하는 경향이 강해지고 있기 때문이기도 한데요, 이런 점에서 부담과 희생이 따르는 결혼보다는 가볍게 가족을 구성할 수 있는 동거 문화가 점차 확산될 것이라 예상할 수 있습니다. 실제로 프랑스에서는 결혼을 하지 않더라도 자격요건을 갖추면 동거 커플도 결혼한 커플과 똑같이 주택지원금이나 양육수당 등 각종 정부지원을 받게 해주는 PACS라는 제도를 시행 중입니다. 한국의 문화는 아직까지 보수적이라 과연 동거 커플들이 얼마나 많이 자리 잡을지 모르겠지만, 다소 느리게라도 증가할 것 같습니다.

설사 결혼을 한다 하더라도, 100세 수명의 시대에 과연 20~30대에 결혼한 한 사람과 평생을 함께 보낼 수 있을 것인가에 대한 점도 생각해볼 필요가 있습니다. 세계미래학회의 회장을 맡았던 미래학자 파비엔 구 보디망(Fabienne Goux Baudiment)의 말에 따르면 지금의 결혼제도는 인간의 평균 수명이 50세일 때 정착된 것이기 때문에 인간의 수명이 늘어날 미래에는 한 사람과 거의 70~80년을 함께 산다는 것이 현실적으로 어려울 것이라 합니다. 그렇기 때문에 평생에 걸쳐 결혼을 서너 번 하는 사람들이 많아질 것이고, 또 이혼을 하더라도 자녀양육을 위해 전 배우자와 아이들이 함께 모여 사는 가정이 늘어날 것이라는 매우 과감한 예측을 내놓기도 했지요. 그녀의 말이 정말 현실이 될지는 모르겠지만, 인간 수명의 연장에 따라 결혼과 재혼에 대한 인식에도 변화가 생길 것이라는 점은 분명해 보입니다.

마지막으로 인공지능, 로봇, 가상현실과 같은 기술이 발달하며 연애도 가상으로 하는 사람들이 늘어날 가능성도 있습니다. 실제로 세계 곳곳에서 로봇과 결혼하는 사람들이 등장하고 있음은 물론 '서머레슨(Summer Lesson)' 'VR 카노조(VR Kanojo)'처럼 VR을 이용한 가상연애 게임도 인기를 끌고 있죠. 인공지능이 더욱 발달한다면 실제 사람보다 내 마음을 더 잘 알아주는 가상의 존재와 연애하는 쪽을 선호하는 사람들이 늘어날지도 모를 일입니다. 물론 이러한 일들이 지금은 굉장히 이상하게 느껴질 수도 있겠지만, 그렇다 해서 미래에도 계속 그럴 것이라는 법은 없죠. 과연 미래의 연애와 결혼은 어떻게 바뀔까요?

지금 우리가 사용하고 있는 사물인터넷과 웨어러블 제품들은 이제 갓 걸음마를 뗀 수준에 불과하다.
하지만 머지않아 모든 사물이 인터넷에 연결된 세상, 웨어러블 제품이 필수로 사용되는 세상이 올 것이다.

PART 05

사물인터넷과 웨어러블의 발전

모든 사물을 연결하라!
_이색 사물인터넷 제품

사물인터넷에 대해서는 많이들 들어보셨겠죠? 하지만 사실 사물인터넷만큼 애매한 용어도 없습니다. 사물인터넷은 영어로 IoT입니다. 'Internet of Things'의 줄임말인데요, 한마디로 모든 사물이 인터넷으로 연결된다는 뜻이죠. 앞으로는 냉장고, 책상, 물병, 건물 외벽 등 거의 모든 것에 센서, 통신 기술 등이 들어가서 인터넷으로 연결되는 것은 물론 사물들이 서로 자기들끼리 통신을 주고받으며 인간이 하던 일들을 자동화시켜준다는 것이 사물인터넷의 핵심입니다.

가령 내가 집에 도착하면 도어록이 날 인지해서 열리고 보일러나 에어컨도 스스로 날씨를 파악해서 집 안의 온도를 조절하기 때문에 우리가 굳이 조작할 필요가 없는 것 등이 사물인터넷이 가져올 변화입니다. 이런 사물인터넷 기술이 적용된 집은 스마트홈, 공장에 적용되면 스마트팩토리, 농장에 적용되면 스마트팜 이라고 부릅니다. 즉, '스마트'라는 단어가 붙는 거의 모든 것들의 중심에는 사물인터넷 기술이 있다고 할 수 있죠. 이렇듯 사물인터넷은 너무나 거대한 개념이기 때문에 이번 장에서는 범위를 좁혀 그중에서도 이색적이고 재미난 사물인터넷 제품들, 또 그것을 제어하는 색다른 방법들을 소개해드리려고 합니다.

살아 있는 듯한 MIT의 변신 책상

제일 처음 소개할 제품은 사물인터넷 변신 책상입니다. 변신 책상이라고 하면 대부분의 분들이 높이를 조절하거나 접을 수 있는 책상을 떠올리실 텐데요, 미국 MIT 미디어랩에서 선보인 변신 책상은 우리의 상상을 훌쩍 뛰어넘습니다. 책상 자체가 위아래로 움직일 수 있는 수많은 블록으로 구성되어 있어서 사람의 사용 용도에 맞게 책상의 윗면 자체가 변신을 하거든요. 가령 윗면의 한 부분이 올라와 태블릿PC 거치대 역할을 하기도 하고, 과일을 올려놓으면 굴러다니지 못하도록 쟁반 모양을 만들기도 합니다. 심지어 사람이 움직이면 그에 따라 쟁반이 이동하며 과일을 사람과 가까운 곳에 가져다주기도 하죠. 미래의 책상은 이렇게 마치 살아 있는 것처럼 그 형태를 바꾸며 내가 원하는 대로 변신이 가능한 모습일지도 모르겠습니다. 역시 개인 맞춤형 제품과 서비스의 증가는 미래에 빼놓을 수 없는 트렌드임을 다시 한 번 깨닫게 되네요.

수면을 돕는 스마트 매트리스커버

아마 침대를 사용하시는 분들 대부분이 위생과 청결 유지를 위해 매트리스 커버를 사용하실 텐데요, 여기에도 역시 사물인터넷이 적용되려 하고 있습니다. '에이트(Eight)'라는 스마트커버를 매트리스에 씌우면 센

▼ 스마트 매트리스 커버 '에이트'

서를 통해 내가 언제 뒤척였는지 수면 패턴을 파악하고, 커버의 온도를 부분적으로 조절해서 부부가 함께 잘 때도 각자에게 맞는 온도를 따로 설정할 수 있습니다. 또한 그 데이터들은 당연히 스마트폰 앱에 저장될 뿐 아니라 집 안의 에어컨, 보일러 등 또한 사물인터넷 제품과 연동될 수 있다고 합니다. 어찌 보면 사소한 기능이라 여겨질 수도 있지만, 앞으로 우리 생활 영역의 상당 부분에 센서가 탑재되어 서로 연동된다면 그로 인한 시너지 효과는 상당할 것으로 기대됩니다.

자동으로 이동하는 대기 의자

이번에는 사물인터넷 기술이 적용된 '움직이는 의자'를 살펴볼까요? 이 의자는 일본의 자동차 회사 닛산(Nissan)에서 자동차에 탑재되는 센서 기술을 홍보하기 위해 만든 홍보용 제품인데요. 그 사용처들이 아주 재밌습니다. 한 홍보 영상에서는 사람이 박수를 치자 흐트러져 있었던 사무실 내의 의자들이 일제히 원래 위치로 돌아가 자동으로 정리되는 모습을 보여주더니, 그 후 새롭게 제작한 영상에서는 자동으로 움직이는 식당 대기 의자를 공개해 화제를 모았습니다. 잘나가는 맛집에 방문해보면 사람들이 줄을 서서 대기하고 있는 경우가 많죠? 그때 식당 측에서 대기 손님들에게 움직이는 의자를 제공해주면 손님은 그 위에 앉고, 그러면 자기 차례가 올 때까지 의자가 옆으로 자동이동하는 겁니다. 제작비 등을 고려해봤을 때 실용성이 있을지는 의문이지만, 사물인터넷 기술을 의자에 적용시키면 이런 일도 가능하다는 건 알 수 있습니다.

▲ 노크를 컨트롤 방식으로 활용한 제품 '노키'

노크로 사물인터넷을 제어한다?

이번에는 재미난 사물인터넷 제어 장치들에 대해 알아보겠습니다. 집 안 곳곳에 스피커, TV, 에어컨 등 사물인터넷 제품들이 계속 늘어나면 그것들을 어떻게 쉽게 제어할 것인지도 중요해지는데요, 먼저 노크만으로 사물인터넷 제품들을 컨트롤할 수 있다는 제품 '노키(Knocki)'를 소개해드리려고 합니다.

이 제품은 테이블이나 벽에 붙여놓고 그 표면을 손으로 노크해 TV, 에어컨, 조명 등을 컨트롤하는 건데요, 노크 패턴은 최대 열 개까지 등록 가능하다고 합니다. 예를 들면 두 번 두드릴 때, 네 번 두드릴 때, 긴 간격을 두고 두드릴 때, 짧게 칠 때마다 다른 명령이 가능한 것이죠. 노키는 음성인식 제어가 잘되지 않는 단점을 보완한 제품이라고 하는데요, 경우에 따라서는 이 노크 방식이 훨씬 편리할 때가 있겠습니다. 아침에 눈을 떠 조명을 켜기 위해 스마트폰 앱을 실행시키거나 음성으로 명령하는 것은 생각보다 귀찮은 일입니다. 그때 침대 옆 테이블을 똑똑 두드려 조명 전원을 제어할 수 있다면 훨씬 간편하지 않을까요?

집 안의 모든 사물과 공간을 리모컨으로!

아예 집 안의 모든 사물과 공간을 리모컨으로 만들어준다는 마법 같은 제품도 등장했습니다. '해요(Hayo)'라는 증강현실 컨트롤러인데요, 집 안에 설치해놓으면 집 구조를 3D로 스캔한 뒤 집이라는 공간 자체를 리모컨으로 만들어준다는군요. 스마트폰 앱으로 특정 사물이나 위치 및 그것과 연결하고 싶은 사물인터넷 제품을 선택하면 가상의 리모컨을 만들어주는 방식입니다. 가령 내 책상 위에 있는 액자를 터치하면 스마트조명이, 침대 옆으로 손을 뻗어 손을 흔들면 TV가 켜지는 식이죠. 이것이 가능한 이유는 이 '해요'라는 제품이 3D스캔, 동작인식을 통해 사용자의 움직임을 파악할 수 있기 때문입니다. 실제로 얼마나 잘 작동할지는 모르겠지만 재미있는 발상인 것만은 분명해 보입니다.

▲ 모든 사물과 공간을
리모컨으로
만들어주는 '해요'

버튼, 직접 누르지 마세요

이어서 소개해드릴 것은 사물인터넷 기능이 없는 일반 TV, 커피머신 등을 사물인터넷 제품처럼 만들어주는 '스위치봇(Switchbot)'입니다. 이 제품은 일반 가전제품에 부착해 버튼을 대신 눌러주는 작은 스위치 로봇인데요, TV나 컴퓨터, 조명 스위치 등 버튼이 있는 곳 근처에 붙여둡니다. 그리고 사용자가 원할 때 스마트폰 앱을 실행시켜 스위치봇이 사람

▲ 사람 대신 버튼을 눌러주는 '스위치봇'

대신 해당 스위치를 누르게 하는 것이죠. 스위치봇을 이용할 때의 장점
은 사물인터넷 기능이 있는 스마트TV나 기타 스마트 전자제품들을 사
지 않아도 내가 가지고 있는 일반 제품들을 제어할 수 있다는 것입니다.
꽤 괜찮은 아이디어죠?

* * *

지금 우리가 접하는 사물인터넷 제품들은 이제 갓 걸음마를 뗀 수준에 불과하지만, 앞으로 더욱 많은 센서들이 갖가지 사물에 탑재되어 서로 통신한다면 우리의 삶도 전혀 다른 모습을 띠게 될 겁니다. 집 안의 사물들이 내 생활 패턴을 파악해 자동으로 움직이는 것에 그치지 않고 우리가 물건을 생산할 때는 효율성을 높여 자원과 에너지를 절약해주고, 길거리나 공사 현장 등에서는 수많은 센서들이 작동하며 우리의 안전을 지켜주는 것이 가능해지겠죠. 사물인터넷은 말 그대로 모든 사물이 인터넷에 연결되는 것이니까요.

하지만 그에 따라 사생활 침해, 대기업의 데이터 독점, 해킹으로 인한 피해 증가 등의 문제들도 발생할 수 있습니다. 특히나 모든 사물이 인터넷에 연결되어 있는 환경에서 해커가 할 수 있는 일들을 상상해보세요. 우리 집에 설치된 카메라를 해킹해 나를 훔쳐볼 수 있는가 하면 가스레인지를 원격으로 작동시켜 집 안에 화재를 낼 수도, 병원의 개인 진료기록을 해킹하고선 환자들의 처방전들을 뒤섞어버릴 수도 있을 겁니다. 더 나아가 국방 시스템이나 도시전력관리 시스템을 해킹해 나라 전체를 혼란에 빠뜨릴 수도 있죠. 그렇기 때문에 사물인터넷이 발달할수록 사이버 보안의 중요성은 아무리 강조해도 지나치지 않습니다. 사물인터넷 산업을 발전시키려는 노력과 더불어 그와 관련된 피해들을 막기 위한 노력이 언제나 함께 진행되어야 하는 이유입니다.

직접 꾸며본 스마트홈 체험기
_사물인터넷의 한계와 과제

사물인터넷 기술은 공장에서 작업의 효율을 높여주고, 농장에서 일손을 줄여주고, 도시의 안전을 지키고, 환경을 보호하는 등 정말 세상 전체에 적용될 수 있는 거대 산업입니다. 하지만 일상에서 가장 피부에 와닿게 사물인터넷의 편리함을 느낄 수 있는 곳은 바로 우리가 살고 있는 집이겠죠. 추운 겨울엔 내가 귀가하는 것을 자동으로 파악해서 실내 온도를 미리 높이고, 내가 음성으로 내리는 명령을 인식해 조명이나 음악을 켜주고, 냉장고에 떨어진 식재료를 파악해 자동으로 주문해주고, 가스불을 켜놓고 나가면 알아서 가스를 차단해주기도 할 테니까요. 그 밖에도 생활에 필요한 수많은 일들을 사물인터넷 제품들이 알아서 해줄 것으로 기대됩니다.

그래서 저도 개인적으로 이러한 미래생활을 미리 체험해보고 그 경험을 여러분에게 전달해드리고자 작은 오피스텔을 구해 스마트홈으로 만들었습니다. 다양한 사물인터넷 제품들이 출시되고 있으니 스마트홈을 꾸미는 것은 어렵지 않을 거라고 생각했죠. 하지만 막상 해보려 하니 예상치 못했던 여러 어려움들이 있었습니다. 이번 장에서는 스마트홈으로 만들 때 생길 수 있는 쉽지 않은 문제들을 정리하고, 그를 통해 사물인터넷이 가정을 넘어 도시 전체로 확대되는 것이 얼마나 어려운 일인지에 대해 이야기해보려고 합니다.

손잡지 않는 국내 통신사와 IoT 제품들

국내의 사물인터넷 시장에서 가장 활발한 움직임을 보이는 곳은 SKT, KT, LG유플러스 같은 통신사들, 그리고 삼성이나 LG 등의 전자제품 제조사들입니다. 너도나도 사물인터넷 시장을 선점하기 위해 경쟁을 펼치고 있죠.

ⓒ 이지세이버
▲SKT의 사물인터넷
'스마트플러그'

통신사들의 경우 SKT는 '스마트홈', KT는 '기가IoT', LG유플러스는 'IoT@home'이란 이름으로 스마트스위치, 스마트 플러그, 전기료 측정기, 도어록, 가스록, 문열림 감지 센서 등과 같은 가정용 사물인터넷 상품들과 통신 서비스를 판매하고 있는데요, 이러한 제품들을 집 밖 외부에서도 제어하기 위해서는 보통 '허브' 혹은 '게이트웨이'라는 통신 장치를 함께 구매해야 합니다.

그런데 문제는 이런 제품들을 설치하려면 일단 기기값 할인이라는 명목으로 통신사의 약정 상품을 권유받는 경우가 많다는 데 있습니다. 스마트폰, 인터넷, TV 약정도 부담스러운데 사물인터넷까지 한데 묶여서 소비자는 2~3년간 꾸준히 돈을 내야 하는 것이죠. 또 통신사별로 사물인터넷 제품들의 특징과 장단점이 각각 다름에도 불구하고 소비자들은 개별 제품을 선택하기가 힘듭니다. 가스록은 SKT의 제품, 도어록은 KT, 가정용 CCTV는 LG유플러스 제품 식으로 골라서 사용하기가 어렵다는 거죠. 사물인터넷을 관리하는 통신허브나 음성명령으로 통제되는 인공지능 스피커가 통신사마다 다르기 때문입니다. 특히나 각 통신사에서 판매하고 있는 인공지능 비서 스피커의 경우 현재까지는 다른 통신사들의 IoT 제품들과 연결해서 사용할 수 없습니다. 반쪽짜리 비

▲KT의 인공지능 스피커 '기가지니'

서가 되는 셈이죠. 그렇다고 통신허브나 인공지능 비서 제품을 각 통신
사별로 사놓자니 큰 비용이 든다는 문제점이 생깁니다. 마치 통신사가
소비자들에게 "너 나랑 살 거야, 아니면 쟤랑 살 거야? 정해!"라고 말하
는 것 같습니다. 함께 사이좋게 지낸다면 좋을 텐데 말이죠.

　제조사의 경우도 크게 다르지 않습니다. 삼성 제품, LG 제품, 애플 제
품들이 모두 따로 놀고 있죠. 마치 한 집에 있지만 말 한마디 섞으려 하
지 않는, 사이 나쁜 식구들 같습니다. 그래서 만약 어떤 소비자가 사물
인터넷 기능이 탑재된 가전제품들을 특정 회사의 것들로 통일해버리면
그 사람은 이후 다른 제조사의 제품을 구매하기가 점점 힘들어지는 상
황에 처할 가능성이 높습니다. 이왕이면 이미 마련해놓은 제품들과 연

동되는 같은 제조사의 제품을 구매하게 될 테니까요. 소비자 입장에 보면 결과적으로 제품 선택권이 줄어드는 셈입니다.

이러한 문제를 해결하고자 'IFTTT('IF This Then That'의 약자로 '이럴 땐 이렇게'라는 뜻)'라는 서비스가 성장을 하고 있는데요, IFTTT는 서로 다른 제조사의 사물인터넷 제품과 이메일, SNS 등의 서비스를 내 마음대로 연결할 수 있게 해주는 서비스로, 현재 앱을 다운받거나 웹서비스로 이용할 수 있습니다. IFTTT를 이용하면 예를 들어서 '구글 이메일이 도착하면 필립스의 스마트조명을 깜빡여라.' '구글 인공지능에게 음성으로 명령하면 삼성의 TV를 켜라.'와 같은 나만의 맞춤 서비스를 만들어낼 수 있는 것이죠. IFTTT는 이렇게 사용자가 자신의 필요에 맞게 만든 서비스를 '레시피'라고 부르는데요, 안타깝게도 아직까지 한국어 서비스는 지원하고 있지 않습니다. 앞으로 국내 통신사와 제조사들이 어떤 방식으로 서로의 제품을 연결하도록 해줄지 지켜봐야겠죠?

집집마다 다른 규격으로 인한 문제점

또 다른 문제점은 집집마다 규격이 다르다 보니 설치를 하고 싶어도 불가능한 경우가 많다는 것입니다. 예를 들어볼까요? 침대에 누워 잠을 청하기 위해 음성으로 형광등을 끄는 일은 간단할 것 같지만 생각보다 쉽지 않습니다. 일단 이 기능을 이용하려면 기존의 형광등 스위치를 스마트스위치로 바꾸고 음성명령을 알아듣는 허브 장치를 마련해야 하는데요, 문제는 스마트스위치의 설치 자체가 어렵다는 것입니다. 집집마다 스위치 모양과 방식, 버튼 개수가 제각각이기 때문에 통신사나 제조

▲ 스마트도어록 '차칵(Chakak)'

사에서 만든 스마트스위치가 우리 집에는 맞지 않는 상황이 발생하는 것이죠.

스마트도어록도 마찬가지입니다. 시중에는 손가락으로 키패드를 누르지 않아도 내 스마트폰을 인식해서 내가 도어록에 다가가기만 하면 자동으로 열리는 제품들이 판매되고 있는데요, 이미 현관문에 설치되어 있는 잠금 장치나 도어록 형식이 다르다 보니 기존의 것을 떼어내고 스마트도어록을 설치하기가 쉽지 않습니다. 특히나 자가 거주가 아닌 경우에는 마음대로 스마트도어록을 설치하겠다며 멀쩡한 문에 구멍을 낼 수도 없는 터라 제품을 구입한다 해도 설치가 어렵죠. 이런 문제를 해결하고자 기존 비밀번호 입력 방식의 도어록에 간단히 부착해서 '열림' 버튼을 눌러주는 장치도 등장하긴 했는데, 기존의 도어록이 버튼이 아닌 레버를 사용하여 열리는 제품이라면 이 제품 역시 설치가 불가능합니다.

물론 과거의 유선전화기가 무선전화기로 바뀌었듯, 또 현관문을 여는 방식이 열쇠에서 도어록으로 바뀌고 있듯, 집 안의 제품들 역시 사물인터넷 규격에 맞는 제품들로 점차 교체되겠죠. 하지만 아직까지는 스마트홈을 구축하기에 어려운 점들이 너무나 많은 것이 사실입니다.

연결성 좋은 제품이 사랑받는다

세계 최대의 가전제품 전시회인 CES(International Consumer Electronics Show) 행사에서 2017년 가장 주목받은 제품은 아마존의 인공지능 비서인 '알렉사'였습니다. 'CES 2017의 주인공은 아마존'이라는 평가가 나올 정도였는데요, 그 이유는 알렉사라는 인공지능이 각 제조사에서 만든 전화기, 자동차, 로봇, 청소기 등에 탑재되었기 때문입니다. 즉, 알렉사에게 명령을 내리면 그것과 연결된 청소기, 조명, TV, 자동차 등 수많은 제품들을 컨트롤해주는 것이죠. 그래서 인공지능 비서의 능력을 평가할 때는 그 인공지능이 다른 제품들과 얼마나 잘 연동되는지가 중

▼ CES 2017 당시 '알렉사'와 연동되는 LG전자의 스마트 냉장고 소개 장면

© LG전자

요한 기준이 됩니다.

앞으로 스마트홈을 구축할 때 역시 제품 구매에서 가장 중시해야 할 요소가 '연결성'입니다. 해당 제품이 얼마나 다른 제품과 잘 호환되고 연결되는지를 중요하게 고려해야 한다는 뜻이죠. 특히나 모든 것을 통제해줄 인공지능 비서와의 연동이 키포인트가 될 것입니다.

그럼에도 가까운 미래에 집 안의 모든 사물인터넷 제품들이 하나의 인공지능 비서에 묶일 거라고 생각되진 않습니다. 앞서 말씀드렸듯 각 기업의 인공지능 비서 제품들엔 각각의 장단점이 있으니 한 사람이 여러 인공지능 비서 서비스를 동시에 이용하게 될는지도 모르죠. 제 경우에도 집 안 사물인터넷 제품들의 제어는 아마존의 인공지능에게, 음악은 SKT의 인공지능에게 맡기고 있으니까요.

＊＊＊

지금의 사물인터넷 상황을 우리 신체로 예를 들어 정리해볼까요? 우리의 손과 발을 각각의 사물인터넷 제품, 머리를 인공지능 비서라고 가정해보죠. 현 상황은 손, 발, 머리는 만들어졌는데 그것들을 이어줄 신경망이 온전히 발달하지 않은 상태와 같습니다. 쉽게 말해 제각기 따로 놀고 있는 것이죠. 게다가 손과 발을 제어해줄 머리가 하나만 있는 게 아니라는 문제도 있습니다. 손은 머리 A에 연결되어 있는데 발은 머리 B에 연결되어 있는 식으로요. 어떤 상황인지 이해되시나요?

이렇듯 사물인터넷 시대라고는 하지만 집 하나를 스마트홈으로 만들기도 쉽지 않은 것이 현실입니다. 작은 집도 이런데 스마트공장, 스마트농장, 스마트도시, 스마트국가를 만든다는 것은 얼마나 어려울까요? 제조사마다, 통신사마다, 도시마다 사물인터넷과 데이터가 서로 정보를 주고받으며 협력하고 유기적으로 함께 움직이기를 우리는 기대하고 있지만 그렇게 되는 것이 과연 가능하기는 할까요? 아마 쉽지 않을 겁니다. 설사 가능해진다고 해도 꽤 오랜 시간이 걸릴 거고요.

이를 반대로 생각하면 사물인터넷이란 분야는 아직 우리 눈에 띄지 않은 기회가 많은 상태라고도 할 수 있습니다. 설치가 간단한 사물인터넷 제품 개발, 각 사물인터넷 제품들이 서로 연동될 수 있는 시스템 개발, 또 사물인터넷끼리의 통신에 문제가 생겼을 때 해결해주는 사업 등이 등장할 수 있을 테니까요. 사람들에게 꼭 필요한, 그러나 아직 비어 있는 시장을 선점하는 주인공은 누가 될지 자못 궁금합니다.

컴퓨터를 입는 시대
_웨어러블 제품의 발달

여러분은 '웨어러블(wearable)' 하면 어떤 제품들이 떠오르시나요? 아마 많은 분들이 스마트워치(smart watch), 피트니스 밴드(fitness band), 혹은 구글 글래스(Google Glass) 같은 안경 제품이 떠오르실 겁니다. 하지만 '웨어러블'은 말 그대로 '입을 수 있다'는 뜻이기 때문에 신발, 장갑, 바지, 벨트 등 우리가 착용할 수 있는 모든 것에 스마트 기능이 들어간다면 그것이 곧 웨어러블 제품이라고 할 수 있습니다. 실제로 휘어지는 HD 디스플레이를 적용해서 디자인이 바뀌는 신발인 '시프트웨어(Shiftwear)', 사용자의 체중 조절을 도와주는 벨트인 '웰트(Welt)' 등 다양한 웨어러블 제품들이 개발 및 판매되고 있죠. 이번에는 그중에서도 더욱 독특하고 의미 있는 제품들을 소개하고 또 그것들이 어떻게 활용되는지에 대해 다뤄보려고 합니다.

근력을 향상시켜주는 외골격 수트

영화 〈아이언맨〉에는 주인공이 아이언맨 수트를 입는 순간 하늘을 날아다니거나 힘이 세지고 적들을 공격하는 장면이 나옵니다. 로봇 수트를 입고선 초인적인 힘을 발휘하는 건데요, 현실 세계에서도 이런 로봇 수트 개발이 한창입니다. 이러한 웨어러블 제품을 '외골격 수트(Exoskeleton Suit)'라고 하는데, 아이언맨의 수트만큼 멋지고 날렵하진 않지만 입는 순간 평소보다 훨씬 더 강한 힘을 발휘할 수 있다고 합니다.

▲ 외골격 수트 제조사 '수트X'의 제품

외골격 수트는 특히나 힘을 많이 써야 하는 어깨, 허리, 다리의 근력을 향상시켜주는데요, 외골격 수트 제조사 중의 하나인 수트X(SuitX)가 공개한 영상에서는 외골격 수트를 입은 마른 체형의 여성이 50파운드(약 22kg)짜리 박스를 가뿐히 들어 올리는 모습을 볼 수 있습니다.

근력을 강화해주는 것이니만큼 이 제품은 노동 현장에서 작업효율을 높여주거나 노인들이 무거운 물건을 들고 계단을 오르내릴 때 활용될 것으로 기대되는데요, 아직 크기가 큰 데다 가격이 낮게는 몇 백만 원, 높게는 몇 천만 원에 이른다는 문제들을 과제로 안고 있습니다. 저출산과 고령화가 진행 중인 한국에서는 앞으로 몸이 불편한 노인의 수가 늘어나고 생산직에서는 젊은 노동자들이 줄어들 것이라 예상되는데요, 이런 점에서 외골격 수트는 사회의 다양한 곳에서 활용되며 작업효율 개선 및 생활 편의성 증대의 효과를 거둘 것이라 생각됩니다.

장애인을 돕는 웨어러블 제품

인공지능의 이미지 분석 기술이 발달함에 따라 이제는 평범한 스마트폰 카메라를 이용해서도 내가 지금 보고 있는 꽃의 이름과 종류가 무엇인지, 앞에 있는 사람은 누구이고 이 건물은 어떤 곳인지 등을 알 수 있습니다. 시각장애인용 웨어러블 헤드셋인 '호루스(Horus)'는 바로 이런 기술을 이용한 제품입니다. 호루스는 두 개의 카메라와 엔비디아(NVIDIA)사의 '젯슨(Jetson)'이란 플랫폼을 사용해 시각장애인의 눈 역할을 대신해주는데요, 카메라를 통해 들어온 시각 정보를 인공지능 알고리즘으로 분석하여 앞에 장애물이 있는지의 여부를 알려주고, 만나는 사람의 얼굴을 인식해 그 사람이 누구인지 알려줌은 물론 글자를 파악해 대신 읽어주는 일도 할 수 있도록 개발 중에 있습니다. 컴퓨터 비전 기술은 '인공지능의 눈'이라고도 할 수 있는데, 특히 시각장애인들을 위해 매우 유용히 활용될 것 같습니다.

청각장애인을 위해 수화를 통역해주는 웨어러블 제품도 있습니다. 워싱턴대학의 토머스 프라이어(Thomas Pryor)와 나비드 아조디(Navid Azodi) 두 사람이 개발한 '사인얼라우드(Sign-Aloud)'라

▼ 시각장애인의 눈이 되어주는 웨어러블 제품 '호루스'
▼ 청각장애인을 위한 수화통역 장갑 '사인얼라우드'

는 제품은 MIT에서 선정한 전 세계의 대학생 발명 유망주들에게 수여되는 리멜슨-MIT 학생상(Lemelson-MIT Student Prize)을 수상하며 화제를 모으기도 했습니다. 장갑 형태의 이 제품을 손에 끼고 수화를 하면 손의 위치와 손가락 움직임 등을 센서가 파악한 후 그것이 의미하는 바를 컴퓨터가 음성이나 글자로 알려주는 방식인데, 덕분에 수화를 모르는 사람과도 대화할 수 있다는 것이 장점입니다. 아직 정식으로 출시되진 않았지만 이 제품이 상용화된다면 전 세계의 수많은 청각장애인들의 삶에 큰 도움을 줄 것으로 기대되고 있습니다.

이런 제품들이 등장할 수 있는 것은 센서, 통신 기술, 컴퓨터 정보처리 기술이 그만큼 발달한 덕인데요, 차갑게만 느껴지는 기술이라는 것이 참 따뜻하게 쓰일 수도 있다는 생각을 하게 됩니다.

세상 모든 소리를 조절하는 이어폰

클럽이나 라이브 공연장은 정말 신나는 곳이죠. 하지만 오랜 시간 시끄러운 음악을 듣다 보면 때로는 스트레스를 받기도 합니다. 그렇다고 관계자에게 볼륨을 줄여달라고 할 수도 없는 노릇이고요. 만약 이럴 때 나 혼자만 음악의 볼륨을 살짝 낮춰서 즐길 수 있다면 얼마나 좋을까요?

'히어(Here)'라는 이어폰은 바로 그런 목적을 위해 탄생했습니다. 무선 이어폰 형태인 이 제품을 귀에 꽂으면 외부에서 들리는 음악의 볼륨을 낮출 수 있음은 물론 이퀄라이저를 통해 내 마음대로 조절할 수 있고 전철 소리, 아기 울음 소리 등 특정 주파수의 소리를 줄이는 것도 가능합

▲ 외부 소리를 조절해주는 이어폰 '히어'

니다. 스마트폰과 연동시켜 일반 이어폰처럼 쓸 수도 있고요. 이 제품은 해외 크라우드펀딩 사이트인 킥스타터에서 성공적으로 자금을 모아 현재 판매 중에 있는 제품입니다. 어쩌면 미래의 이어폰 제품에는 이런 기능이 기본적으로 포함될지도 모르겠네요.

생명을 살리는 유니세프의 피트니스 밴드

가난한 나라의 아이들을 돕는 유니세프(Unicef)라는 단체는 잘 알고 계실 겁니다. 그런데 자선단체인 유니세프에서 웬일인지 홈페이지에서 4만 원 정도에 '키드파워밴드(Kid Power Band)'라는 피트니스 밴드를 판매하고 있습니다. 피트니스 밴드를 팔아 아이들을 도울 생각일까요?

사실은 이렇습니다. 이 밴드는 이름에서 알 수 있듯이 아이들이 착용하는 제품인데요. 착용 후 운동을 하면 운동량이 측정되어 포인트가 쌓이고, 그 포인트가 가난한 지역의 아이들에게 식량을 전달하는 데 쓰입

니다. 또 이 밴드와 함께 쓰이는 앱을 통해
다양한 나라의 문화를 공부해도 포인트를
쌓을 수 있고요. 운동도 하고 공부도 하고
어려운 환경의 아이들까지 살릴 수 있으니
1석 3조의 효과를 가진 아이디어라 할 수
있겠죠?

▲ 유니세프의 피트니스 밴드 '키드파워밴드'

　사실 피트니스 밴드는 이제 별로 신선하
지 않은 아이템이고, 동일한 기능을 가진 여러 제품이 판매되고 있어서
식상한 감이 있습니다. 하지만 기능이 같은 제품이라도 그것이 어떤 방
식으로 사용되는지에 따라 여타의 제품들과는 다른 의미를 가지며 충
분히 차별화될 수 있는 것 같습니다. 키드파워밴드가 그것을 잘 보여주
는 좋은 사례가 되겠죠. 피트니스 밴드의 본래 목적은 사용자 개인의 건
강관리였는데 키드파워밴드는 그것을 넘어 사용자 외 다른 사람들의 생
명을 구할 수 있는 제품으로 확장되었으니까요.

＊＊＊

그 밖에도 현재 웨어러블은 가임기를 알려주는 제품[아바(AVA)], 체지방을 분석해주는 제품[인바디밴드
(Inbody band)], 필요한 수분을 체크해주는 제품('LVL'), 스트레스 관리용 제품['웰비(Wellbe)'] 등 그 기능과
형태가 다양해지고 있습니다. 앞으로의 웨어러블은 단순편의 기능을 넘어 수시로 사용자의 몸을 체크하
며 건강 상태를 파악해주거나, 인공지능이 탑재된 이어폰 또는 안경 형태로 개인비서 역할을 해주는 등 우
리 생활에 필수적인 존재로 자리 잡을 가능성이 있습니다. 하지만 아직까지 전 세계적으로 성공한 제품은
등장하지 않은 듯합니다. 다시 말해 아직 기회가 열려 있다는 것이죠. 여러분은 어떤 웨어러블이 우리 생
활에 꼭 필요하다고 생각하시나요?

기능만이 전부가 아니다
_재미있고 참신한 2세대 웨어러블의 등장

1세대 웨어러블의 대표적인 제품들로는 애플워치(Apple Watch)나 페블(Pebble) 같은 스마트워치,

핏빗(Fitbit)이나 미밴드(Mi Band) 같은 피트니스 밴드, 그리고 안경형 제품인 구글 글래스 등이 있습니다.

이러한 제품들의 특징은 웨어러블 시장 형성 초기에 개발된 것들이라 기능에 초점을 맞췄다는 점인데요,

손목시계형 웨어러블의 경우 스마트폰과 연동되어 발신전화 번호와 메시지를 보여주거나 심박 혹은 걸음

수 등을 측정해주는 건강관리 기능을 강조했습니다. 구글 글래스는 두 손이 자유로운 상태에서 사진과 동

영상을 찍을 수 있고 스마트폰의 메시지, 길 안내 정보 등을 볼 수 있다는 점을 부각했었죠.

하지만 이러한 1세대 제품들은 자연스러움이 부족해 착용하기 어색하거나 제품의 기능들이 사실 실생활

에서 그리 유용하지 않다는 문제가 있었습니다. 예를 들어 여러분이 소개팅에 나갔는데 상대가 구글 글래

스를 끼고 나왔다고 상상해보세요. 아마 그 사람이 매력적으로 보이지는 않을 겁니다. 또 건강관리 기능의

경우 자신의 심박수를 아는 것이 그렇게 중요할까요? 아마 대부분의 스마트워치, 피트니스 밴드 사용자

들은 그 기능을 사용하지 않을 겁니다. 그래서 최근에는 기능보다 자연스러움과 재미에 초점을 맞춘 2세

대 웨어러블 제품들이 등장하고 있습니다.

▲ 디자인이 바뀌는 스마트워치 'FES 워치'

시곗줄 디자인까지 바뀌는 스마트워치

여러분에게 시계란 어떤 물건인가요? 단순히 현재 시각을 알기 위해 차는 사람도 있겠지만 패션 아이템으로, 그리고 비싼 시계라면 재력을 과시하는 용도로 착용하는 분들도 많을 겁니다. 즉, 시계는 현대인의 대표적인 패션 아이템 중 하나가 된 것이죠.

그래서 소니의 크라우드펀딩 사이트에는 이런 측면을 강조한 스마트워치가 등장했습니다. 바로 'FES 워치(FES Watch)'라는 제품인데요, 버튼을 누르면 메시지나 심박수 표시 기능이 활성화되는 것이 아니라 시계의 디자인이 바뀝니다. 시계의 숫자판뿐 아니라 시곗줄까지도 말이죠. 신기하죠? 이것이 가능한 이유는 휘는 전자종이와 전자잉크를 사용하기 때문인데요, 아직은 검은색과 흰색으로만 디자인이 구성되지만 그날 입은 옷에 따라서, 그리고 시계 디자인이 질릴 때마다 새로운 것으로 바꿀 수 있다는 것이 장점입니다. 사용자는 앱을 통해 직접 새로운 디자인을 만들거나 이미 완성된 디자인 중 하나를 선택해 사용할 수 있죠. 또 한 가지 좋은 점은 대개의 스마트워치 배터리가 한 번 충전하면 2~3일을 버티기 힘든 반면, 이 제품은 완충 시 약 2주간 사용할 수 있다는 것입니다.

리바이스의 스마트 청재킷

미래의 옷은 지금과 얼마나 달라질까요? 재킷에서 LED 램프가 빛나고 여기저기에 전자버튼이 달려 있을까요? SF 영화만 보더라도 미래의 옷은 컬러나 질감, 디자인 면에서 현재의 패션과는 꽤 다른 모습으로 나오는데요, 리바이스에서 공개한 스마트 청재킷을 보면 미래의 옷도 지금 우리가 입는 것과 그리 크게 다를 바 없을 듯합니다.

리바이스의 스마트 청재킷은 우리가 봤을 때 보통의 청재킷과 전혀 다

▼ 리바이스에서 선보인 스마트 청재킷

▲ 구글이 개발한 스마트실 '자커드'

르지 않습니다. 하지만 소매 끝부분을 터치하거나 쓸어 올리면 재킷과 연결된 스마트 디바이스를 제어할 수 있죠. 가령 이어폰을 꽂은 상태라면 스마트폰을 꺼내지 않아도 소매를 터치해 음악을 재생하거나 다음 곡으로 넘기고, 또 전화를 받거나 내비게이션을 활성화시킬 수도 있다는 뜻입니다.

이런 것이 가능한 이유는 소매 끝부분에 있는 '자커드(Jacquard)' 덕분입니다. 자커드는 구글에서 만든 스마트실인데요, 전류가 흐르는 도선에 섬유를 감아 만든 실이라 사용자의 행동을 통해 스마트 디바이스를 제어할 수 있습니다. 앞으로는 이 자커드의 활약상도 눈여겨볼 만할 것 같습니다. 재킷뿐 아니라 티셔츠, 바지, 모자 등 우리가 착용하는 것들에 모두 적용될 수 있을 테니까요.

이렇듯 자연스러운 웨어러블 제품 개발을 위한 노력이 계속되고 있으니 미래의 패션이라고 해도 지나치게 '첨단'이란 느낌을 줄 것 같지는 않죠? 대신 옷을 디자인하는 패션 디자이너들은 패션과 스마트 기능을 접목하는 데 필요한 공학적 지식을 배워야 할지도 모르겠습니다. 혹은 그런 부분을 전문적으로 다루는 스마트 패션 전문가라는 새로운 직업이 유망 직종으로 떠오를 수도 있겠고요.

SNS 놀이를 위한 선글라스

스냅챗이란 인기 SNS 서비스가 있습니다. 스냅챗이 사람들의 사랑을 받는 이유는 사용자가 올린 사진과 메시지가 24시간 안에 사라지기 때문입니다. 즉, 인터넷상에서 이루어지는 개인 의견의 표출이나 사생활 침해에 대한 우려가 다른 SNS 서비스보다 적기 때문에 인기를 모은 것이죠. 그런데 2016년에 스냅챗은 자체적으로 개발한 선글라스형 카메라 제품을 판매하기 시작했습니다. '스펙터클(Spectacles)'이라는 이름의 이 제품은 스냅챗에서의 사진 및 동영상 공유 과정을 더욱 재밌게 만들기 위한 제품이라고 할 수 있습니다.

스펙터클에 달린 버튼을 누르면 사용자는 약 10초간 동영상을 찍을 수 있는데요, 카메라를 손에 들어야 하는 것이 아니기 때문에 두 손이 자유로운 상태로 활동하며 촬영할 수 있습니다. 가령 아이와 놀아줄 때, 자전거를 탈 때, 데이트를 할 때 내 시선에서 바라보는 그 장면 그대로를 추억으로 간직할 수 있는 것이죠. 덕분에 일반 카메라나 캠코더로는 찍을 수 없는 다양한 콘셉트의 영상을 촬영하고, 웨어러블인 만큼 블루투스나 와이파이를 이용해 그 자리에서 SNS에 올릴 수 있습니다. 그렇게 자연스럽게 촬영할 수 있다면 도촬을 통한 사생활 침해 문제가 생기지 않을까 우려하시는 분도 계실 텐데요, 스펙터클의 경우 촬영하

▲ 스냅챗의 선글라스형 카메라 '스펙터클'

는 동안에는 안경 가장자리에 있는 LED 램프가 빛나기 때문에 내가 촬영 중이라는 사실을 상대가 알 수 있다는 장점도 있습니다.

사실 이런 기능은 구글 글래스에도 있었지만 구글 글래스는 평소 착용하기엔 크기 면에서 너무 부담스럽고 가격도 비쌌죠. 그에 반해 스펙터클은 디자인이 멋지고 SNS와 연동되는 데다 미국의 비즈니스 사이트인 '비즈니스 인사이더(Business Insider)'에 따르면 2017년 1분기 약 94억 원의 매출을 기록할 정도로 인기가 좋다고 합니다.

골전도 스피커 선글라스

▲ 골전도 스피커 방식을
적용한 선글라스 '정글'

분명 겉모습은 보통의 선글라스입니다. 그런데 이 선글라스를 끼면 깜짝 놀라게 됩니다. 이어폰을 낀 것도 아닌데 갑자기 음악이 들리기 때문입니다. 더욱 놀라운 점은 그 음악 소리는 선글라스를 낀 자신은 들을 수 있지만 다른 사람들에겐 들리지 않는다는 것입니다. 어떻게 이런 일이 가능할까요?

한국 청년들이 만든 '정글(Zungle)'이란 이 선글라스는 일반 선글라스처럼 생겼지만 진동을 통해 소리를 전달하는 골전도 스피커 방식이 적용된 웨어러블 제품입니다. 그래서 사용자가 선글라스를 끼지 않으면 거의 아무 소리도 들리지 않지만 착용했을 때는 안경테 끝부분의 골전도 스피커가 머리뼈를 울려 소리를 전달하죠. 덕분에 자연스럽게 선글라스를 쓰는 것만으로도 음악 감상이 가능하고, 또 내장된 마이크를 통해 통화도 할 수 있습니다. 물론 귀는 오픈되어 있는 상태로 말이죠.

이어폰보다 정글을 사용하는 것이 좋은 이유에는 두 가지가 있습니다. 선글라스와 이어폰 기능이 결합된 제품이기 때문에 사용자가 가지고 다녀야 하는 물건의 수를 줄였다는 것이 한 가지고요, 그보다 더욱 좋은 다른 하나는 귀가 열려 있는 상태로 음악을 듣는 방식이라 위험한 상황에 처했을 때에도 외부의 소리를 들을 수 있다는 것입니다. 예를 들어 일반 이어폰을 끼고 자전거를 타면 뒤에서 차가 다가오는 것을 알아채지 못해 위험한 상황도 종종 발생하는데, 정글을 착용하면 음악을 듣는 중에도 그 소리를 들을 수 있는 것이죠. 이러한 골전도 스피커 방식을 이용한 제품들은 최근 들어 속속 등장하고 있는데요, 고급 이어폰과 비교했을 때 음질 면에서 차이는 있지만 나름의 장점이 분명히 존재하기 때문에 앞으로의 성장이 기대되는 분야라고 할 수 있습니다.

* * *

이렇듯 2세대 웨어러블 제품들은 이전의 제품들에 비해 좀 더 자연스럽고 재미를 느낄 수 있는 요소가 추가되었다는 특징을 보입니다. 웨어러블 제품은 본래 의미 그대로 '착용하고 다닐 수 있는 것'이어야 하는 만큼 자연스러움과 패션 아이템으로서 가지는 디자인 가치는 앞으로도 더욱 중요해질 겁니다. 또한 '어떻게 하면 사용자들이 유쾌하고 즐겁게 이 제품을 활용할 수 있을까'에 대한 고민과 참신한 아이디어가 잘 반영된 웨어러블 제품이라면 사람들로부터 사랑받을 가능성도 더욱 높아지겠죠. 1세대 제품들의 사례들에서 알 수 있듯 '기능'만이 웨어러블의 전부는 아니라는 점을 확실히 유념해둘 필요가 있겠습니다.

유망 직업이란 무엇일까?

향후 유망 직업에 대한 사람들의 관심이 점점 더 높아지고 있습니다. 미래엔 크고 작은 여러 변화가 있을 것으로 예상되다 보니 누군가 답을 해주길 바라는 마음이 들어서겠죠. 그런데 유망 직업, 그리고 유망 학과라는 것은 과연 무엇일까요? 단순하게는 앞으로 장기간에 걸쳐 돈을 안정적으로, 혹은 많이 벌 수 있는 분야를 말할 겁니다. 하지만 과연 그렇게 되기만 하면 우리는 삶에 만족할 수 있을까요? 만약 유망 직업을 갖고 있지만 삶이 즐겁지 않다면, 그리고 행복하지 않다면 그 인생엔 무슨 의미가 있을까요?

저는 자신이 즐길 수 있는 분야의 학과가 그 사람의 유망 학과, 또 그런 일이 곧 그 사람의 유망 직업이라고 생각합니다. 많은 사람들은 언론매체를 통해 앞으로 사라질 일자리와 생겨날 일자리가 무엇일지에 집중하지만 그런 것들은 개인의 행복을 감소 또는 향상시키는 데 그리 큰 역할을 하지 못할 겁니다. 앞으로 사라질 것이라고 얘기되는 직업이라도 그것을 즐길 수 있는 사람은 자신의 분야를 더욱 연구하고 더 많이 노력해서 두각을 드러낼 가능성이 높습니다. 삶의 대부분을 차지하는 노동 시간 자체를 즐기고 있으니 인생도 행복하겠죠. 반면 앞으로 유망하다는 분야라 해도 단순히 돈 때문에 그 일을 하는 사람이라면 일하는 시간을 즐기기는커녕 그저 '버텨내며' 살게 될 겁니다. 삶의 만족도 면에서 어떨지는 굳이 말할 필요도 없겠죠.

예를 들어 인력거꾼은 지금 한국에서 거의 사라진 직업입니다. 자동차가 보급되면서부터 인력거는 서서히 과거의 유물이 되어버렸으니까요. 하지만 지금은 사라진 그 인력거를 부활시켜 사업을 하는 청년 기업도 있습니다. 바로 서울 종로구 북촌에서 활동 중인 '아띠 인력거'라는 회사죠. 이들은 북촌 방문객들을 인력거에 태우고 다니며 한옥에 얽힌 이야기와 주변 명소에 대한 소개를 해줍니다. 관광객들에게 특별한 추억을 만들어주는 것이죠.

아띠 인력거의 창업자 이인재 씨는 미국에서 대

학을 졸업한 뒤 유명 증권회사에서 일했지만 행복하다는 생각이 들지 않았다고 합니다. 이후 한국으로 돌아와 자신이 즐겁다고 느끼는 인력거 사업을 시작했는데, 그렇게 일을 즐기다 보니 자연스레 성과도 뒤따랐습니다. 아띠 인력거는 4년간 6만 5,000명의 손님을 태웠고, 2013년에는 한국관광공사 창조관광기업 대상을 받았으며, 2015년엔 문화체육관광부 창조관광기업으로 선정됐습니다. 그렇다면 인력거꾼이라는 직업은 그들에게 유망 직업인 걸까요, 아니면 사라질 직업인 걸까요?

이번엔 대표적 미래 유망 직업이라고들 하는 데이터과학자에 대해 생각해보겠습니다. 앞으로는 데이터의 힘이 절대적으로 강해질 것이고 그에 따라 데이터를 관리하는 일, 그리고 그를 통해 의미 있는 결과를 도출해내는 일의 중요성이 높아질 겁니다. 그런데 이 일을 즐기고 또 잘할 수 있는 사람들은 과연 얼마나 될까요? 종일 데이터와 씨름하고 기업이 원하는 유의미한 데이터를 끌어내기 위해 머리를 싸매고 고민하는 것은 아무나 즐길 수 있는 일이 아닐 겁니다. 게다가 이렇게 미래에 유망할 것이라고 자주 언급되는 직업일수록 사람들이 많이 몰려 경쟁이 심화될 가능성이 높습니다. 지금 대기업과 공무원에 수많은 사람들이 몰려드는 것과 비슷한 이치겠죠.

때문에 시작부터 그만큼 많은 경쟁자들을 물리쳐야 하고, 또 밑에서 치고 올라오는 신세대들과의 경쟁에서도 밀리지 않기 위해 계속 노력해야 합니다. 그렇다면 과연 데이터과학자는 정말 누구나 추구할 만한 유망 직업이라고 할 수 있을까요?

사회적으로 말하는 유망 직업이란 국가 발전을 위한 산업 및 고용 구조와 깊은 관계가 있을 뿐 개인의 행복과는 큰 연관성이 없습니다. 물론 다른 직업들에 비해 생존 기간은 좀 더 길 것이고 앞으로 사라질 것이라 언급되는 직업에 아무 생각 없이 종사하는 것에 비하면 유망 직업을 선택하는 것이 훨씬 나은 판단이긴 하겠죠. 그러므로 인생을 단순히 먹고사는 문제로만 보고 금전적인 면만이 중요하다고 생각하는 분이라면 세간에서 말하는 유망 직업을 선택해도 괜찮을 겁니다. 하지만 단 한 번밖에 없는 인생을 행복하고 보람 있게 살고 싶다면 남들이 말하는 유망 직업들이 뭔지에 귀를 기울이기보다는 내가 무엇을 즐기고 무엇을 좋아하는지, 즉 자신의 내면에 귀를 기울이는 편이 나만의 유망 직업을 찾는 데 더욱 도움이 되지 않을까요?

상상을 현실로 출력해주는 3D프린터와 하늘에서의 기회를 열어주는 드론.
이들은 세계 곳곳에서 어떻게 활용되고 있으며,
또 미래에는 어디까지 그 영역이 확대될까?

PART 06

3D프린터와 드론의 진보

상상을 현실로 출력하는 마법상자
_3D프린터의 세계

과거에 개인이 물건이 만들고 싶다면 어떻게 했을까요? 아마 산업혁명 이전에는 돌이나 나무를 깎고 쇠를 담금질하며 상당히 많은 시간을 소모했을 겁니다. 또 산업혁명 이후 공장이 생겨나긴 했지만 개인이 공장에서 물건을 생산하기란 쉽지 않았을 거고요. 무엇보다도 공장을 이용하면 단 몇 개의 물건만 만든다 해도 큰돈이 들었겠죠.

하지만 3D프린터 기술의 발달은 이런 상황을 바꿔놓았습니다. 지금 우리는 인류 역사상 그 어느 때보다 개인이 물건을 만들기 쉬워진 세상에서 살고 있죠. 개인의 상상을 현실로 출력해주는 마법의 상자 3D프린터! 이런 3D프린터로 할 수 있는 일들에는 어떤 것들이 있을까요?

개인의 제조 혁명

멀리 갈 필요 없이 우선은 가정용 3D프린터부터 살펴보겠습니다. 아직도 많은 분들이 3D프린터는 개인이 사기엔 지나치게 비싼 물건이라고 생각하시는 듯합니다. 또 너무 최첨단 정밀 기기라 개인이 사용하기 힘들다고 여기시는 분들도 많은 것 같고요. 하지만 현재 3D프린터의 가격은 과거보다 무척 낮아졌습니다. 성능의 차이는 있지만 50만 원 이하의 연습용 3D프린터도 판매되고 있는데요. 그런 저렴한 3D프린터로도 개인이 원하는 작은 물건 정도는 충분히 뽑을 수 있습니다. 포털 사이트에서 검색해보면 생각보다 다양한 제품들을 볼 수 있죠.

이렇게 저렴해졌음에도 3D프린터를 구매할 생각이 아예 없으신 분들은 여전히 많습니다. 복잡하고 어려운 기계라 전문교육을 받은 사람만 사용할 수 있다고 생각하시는 것이죠. 하지만 3D프린터도 결국은 '프린터'기 때문에 우리가 흔히 사용하는 잉크젯 프린터나 레이저 프린터와 사용법이 비슷합니다. 출력할 파일을 선택하고 버튼만 누르면 결과물이 나오니까요. 출력 과정에서 3D프린터의 부품인 필라멘트가 끊어지거나 노즐이 막히는 문제가 생길 때도 있지만 대개의 경우에는 제조사에 연락하거나 3D프린터 커뮤니티에서 물어본 뒤 해결할 수 있습니다.

그렇다면 문제는 '출력할 파일을 어떻게 만드는가?'가 될 텐데요. 이 또한 생각보다 쉽습니다. 물론 정교한 물체를 자기가 직접 그려서 출력하고 싶다면 많은 연습과 노력이 있어야 하지만 간단한 물체라면 '스케치업(Sketchup)' 혹은 '팅커캐드(Tinkercad)'라는 프로그램을 이용해 누구나 쉽게 3D 물체를 그릴 수 있습니다. 이 프로그램들의 사용법은 시중

▲ 손으로 그린 그림을 3D파일로 만들어주는 앱 '두들3D'

에 나와 있는 교재나 인터넷 검색을 통해 어렵지 않게 배울 수 있고요. 여기에서 한 발 더 나아가 최근 등장한 앱 '두들3D(Doodle3D)'나 동국대학교 컴퓨터공학과의 홍정모 교수가 개발해서 배포한 프로그램 '리소피아(Lithopia)'는 아예 사용자가 태블릿이나 종이에 손으로 직접 그린 그림을 간단히 3D파일로 만들어주기까지 합니다. 3D프린터로 출력할 물체를 그리는 일이 점점 쉬워지고 있는 것이죠.

자기가 직접 파일을 그리지 않고 다른 사람들이 이미 디자인한 파일들을 무료로 다운로드해서 3D프린터로 출력할 수도 있습니다. 특히나 '씽기버스(www.thingiverse.com)'라는 사이트에 접속하면 전 세계 사람들이 올려놓은 수많은 3D파일들을 활용할 수 있는데요, 이곳에는 옷걸이부터 휴대폰 거치대에 이르기까지 정말 없는 것이 없습니다. 일종의 3D프린터용 만물상이라고 할 수도 있겠네요. 필요한 물건의 3D파일을 검색하고 마음에 드는 것을 출력하기만 하면 곧바로 사용할 수 있으니까요.

가격도 예전보다 훨씬 낮아졌고 3D 파일들을 쉽게 만들거나 무료로 이용할 수 있는 방법을 알려드렸으니 이제 여러분도 3D프린터 사용을 한번 시도해보시면 어떨까요? 내가 직접 그리거나 다운로드한 파일이 3D프린터를 통해 우

▲ 3D파일 공유 사이트 '씽기버스'

리 집에서 출력되는 경험은 꽤 신선하게 느껴지실 겁니다. 마치 작은 공장 하나가 생긴 것 같은 기분이 들거든요.

산업에 사용되는 3D프린터들

상상을 현실로 만들어주는 3D프린터는 아직까진 개인보다 산업계에서 더욱 활발하게 사용되고 있습니다. 특히나 원하는 물건을 맞춤형으로 소량생산할 수 있다는 것이 3D프린터의 큰 장점이죠. 그렇다면 지금까지 3D프린터가 어떻게 활용되어왔는지 유명한 사례들을 살펴보도록 할까요?

제일 먼저 살펴볼 분야는 건설입니다. 3D프린터로 지은 집들은 실제로 중국, 필리핀, 두바이 등 세계 곳곳에 등장하고 있는데요, 다음의 사진은 두바이에 건설된 한 사무실의 모습입니다. 초대형 3D프린터를 이용해 17일 만에 구조물들을 출력했고, 그것들을 조립하는 데 이틀이 소요됐다고 하네요. 이렇게 3D프린터를 사용하면 건설에 필요한 자원

▲ 초대형 3D프린터로 출력한 두바이 소재의 한 사무실

과 인력을 절약할 수 있는 데다 산업폐기물 역시 줄일 수 있어 환경보호 면에서도 유익할 것이라 기대됩니다.

3D프린터로 자동차를 출력하는 것도 가능합니다. 가장 유명한 회사는 미국의 로컬모터스(Local Motors)입니다. 로컬모터스는 2014년 3D프린터로 출력한 최초의 자동차 '스트라티(Strati)'를 공개하며 화제를 모았는데요, 한국의 울산과 제주도에서도 이 3D프린터 자동차 공장을 도입하고자 로컬모터스와 협의 중이라고 합니다.

이 외에도 미국 GE(General Electric)에서는 항공기 엔진 부품을 3D프린터로 제조해 생산비를 절감하고, 아디다스(Adidas)는 3D프린터를 이용해 개인에게 꼭 맞는 맞춤형 신발을 제작했으며, 허쉬(Hershey)는 세계 1위의 3D프린터 제조사인 3D시스템즈(3D Systems)와 손잡고 '코코젯(CocoJet)'이란 3D프린터를 공동 개발해 초콜릿 제품을 출력하는 등 각 산업 분야에서 3D프린터를 활용하려는 시도들은 수도 없이 이어지고 있습니다.

의료계 역시 3D프린터가 다양하게 활용될 수 있는 영역인데요, 환자 개인에게 꼭 맞는 의수나 의족을 저렴한 가격으로 제조하는 것부터 시작해서 인공관절, 장기기관 출력에 이르기까지 여러 연구가 진행되고 있습니다. 사람마다 신체의 모양이 조금씩 다르기 때문에 개인별 맞춤

▲ 로컬모터스가 3D프린터로 제작한 자동차 **02**

▲ GE가 3D프린트를 이용해 출력한 제트엔진 부품

제작이 가능한 3D프린터는 이 분야에 정말 큰 도움을 줄 수 있는 것이죠. 비록 심장이나 안구 등을 출력해 우리 몸에 이식하는 것은 아직 불가능하지만 이 또한 미래에는 가능해지지 않을까요?

＊＊＊

3D프린터가 현재 모든 사람들에게 당장 필요한 기기라고는 할 수 없습니다. 또 관련 기술이 계속 발전하고 있긴 하지만 아직은 출력 시간이나 성공률 면에서 다소 만족스럽지 못한 것이 사실이죠. 게다가 필요한 물건의 대부분은 마트 등에서 저렴하게 구입할 수 있으니 굳이 3D프린터를 마련하고 그것으로 출력해서 사용할 필요가 없습니다. 그뿐인가요. 현대인들이 물건을 구매할 때는 단순히 그 실용적 용도만 보고 판단하는 것이 아니라 컬러와 재질, 디자인 등 미적 요소까지 고려하기 마련인데 3D프린터 출력물은 그런 면에서 아직 충분한 만족감을 주기 어렵다는 점도 단점이라 할 수 있습니다.

하지만 발명품을 제작할 때, 어디에서도 팔지 않는 물건이 필요할 때, 대량생산 전 시제품을 만들 때 등 3D프린터가 굉장히 쓸모 있게 활용되는 경우들은 점점 늘어나고 있습니다. 하다못해 3D프린터로 쿠키 틀을 출력해 나만의 특별한 쿠키를 만드는 것도 가능하죠. 많은 분들이 3D프린터는 자신과 상관없다고 느끼실지 모르겠지만 잘 생각해보시면 분명 유용하게 활용할 곳이 있을 겁니다. 3D프린터는 상상을 현실로 출력해주는 기기니까요.

이런 것도 돼?
_3D프린터의 이색 활용들

앞에서는 3D프린터의 일반적인 활용들에 대해 이야기했는데요, 이번에는 '3D프린터를 이렇게도 써?'라고 생각하실 만한 이색적인 활용들을 소개해드리려고 합니다. 3D프린터를 세계 곳곳에서 어떻게 활용하고 있는지, 자신이 원하는 분야에서의 3D프린터 활용법에 대한 아이디어도 함께 얻으실 수 있다면 좋겠습니다.

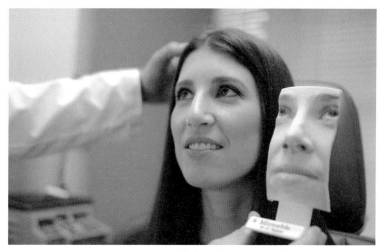

▲ 성형 후 모습을 3D프린터로 출력해주는 미국의 미러미

성형 결과를 미리 보여주는 3D프린팅

성형외과에서는 3D프린터를 어떤 식으로 활용할 수 있을까요? 예를 들어 미용 목적을 위해 코를 높이고 싶어 병원을 방문한 환자가 있다고 가정해봅시다. 하지만 이 사람은 성형 후 자신의 모습이 더 예뻐질지 확신하지 못해 수술 여부를 고민합니다. 이런 분들은 꽤 많을 텐데요, 이때 성형수술 후의 모습을 3D프린터로 출력해서 보여주면 어떨까요? 미국의 미러미3D(MirrorMe3D)라는 회사는 환자의 성형 후 모습을 단순히 컴퓨터 시뮬레이션으로 보여주는 데 그치지 않고 그 이미지를 3D프린터로 출력해서 환자들에게 보여주는 서비스를 제공하고 있습니다. 수술 후 더 예뻐진 자신의 모습을 실제 출력물로 미리 확인할 수 있다면 환자들은 성형수술 결정을 보다 쉽게 내릴 수 있겠죠.

태아의 초음파 사진을 3D로 출력해주는 서비스

아기를 갖게 된 예비 부모는 태아가 엄마의 배 속에 있다는 것은 알지만 직접 만날 수는 없습니다. 그저 초음파 사진이나 소리로 확인만 할 수 있을 뿐이죠. 예비 부모의 이런 아쉬움을 해결하는 데도 3D프린터가 활용되고 있습니다. 아기의 초음파 사진을 3D이미지로 만들어 출력해주는 이 서비스는 한국을 포함한 다양한 국가에서 제공되고 있습니다. 물론 고화질 사진이 아닌 초음파 사진을 이용하는 방식이다 보니 아기의 전신을 온전히 출력할 수는 없고 얼굴 정도만 입체적으로 출력해주지만, 아이의 태아 시절을 모습을 기념할 수 있다는 점에서 이색적입니

▼ 3D프린터로 출력된 아기 초음파 사진

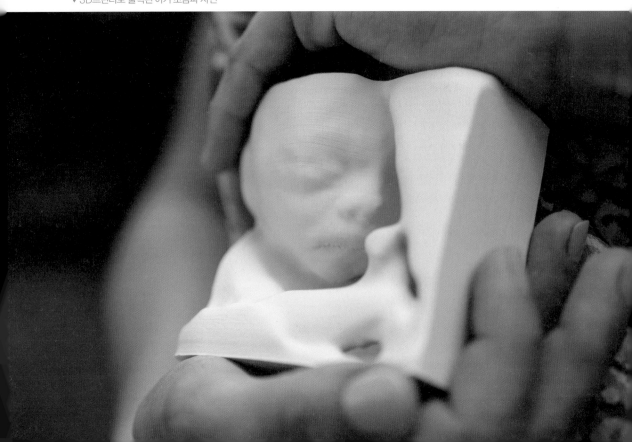

다. 특히 초음파 사진으로 태아의 모습을 볼 수 없는 시각장애인의 경우 이렇게 3D프린터로 출력한 아기 얼굴을 만지면서 손으로나마 확인할 수 있다면 굉장히 기쁘겠죠.

예술에 활용되는 3D프린터

이번에는 예술가가 3D프린터를 활용하는 사례입니다. 예술가에게 3D프린터란 자신의 무한한 상상력을 현실로 만들 수 있는 최고의 도구일 겁니다. 그렇기 때문에 3D프린터가 예술에서 활용된 사례도 무척 많은 데요, 사람과 똑같이 생긴 3D프린팅 피규어를 출력해서 실제 사람이 하기엔 민망한 다소 변태적인 분위기의 작품을 만들어 전시한 예술가가 있었는가 하면, 시각장애인들을 위해 3D프린터로 명작들을 출력해 손으로 만지며 예술 작품들을 감상할 수 있게 해주는 프로젝트도 진행 중

▼ 조이트로프 기법을 활용한 작품 'All Things Fall'

© Mat Collishaw, 2015

입니다. 또 3D프린터로 출력한 작품을 회전시켜 마치 그것이 살아 있는 것처럼 느끼게 해주는 '조이트로프(Zoetrope)'라는 기법도 여러 곳에서 많이 사용되고 있습니다. 조이트로프는 과거의 애니메이션 기법인데요, 이 기법을 이용하면 정교하게 설계된 출력물이 회전을 시작하는 순간 착시현상을 일으켜 마치 애니메이션처럼 움직이는 듯한 효과를 냅니다. 유튜브에서 '3D printed zoetrope'라는 키워드로 검색해보시면 매우 다양한 작품들을 감상할 수 있습니다.

휴대용 3D프린터의 등장

3D프린터는 집이나 사무실 어딘가 고정해두고서만 사용할 수 있는 기기일까요? 혹시 가방 안에 넣고 다닐 수는 없을까요? 해외 크라우드펀딩 사이트에 그런 휴대용 3D프린터가 등장한 적이 있습니다. 바로 '올로(OLO)'라는 제품인데요, 올로는 스마트폰과 액체수지를 이용해 작은 물체를 출력할 수 있는 휴대용 3D프린터입니다.

3D프린터를 출력하는 방식 중 하나는 액체수지에 빛을 쏴서 단단하게 경화시키는 DLP 방식인데요, 올로가 사용하는 것이 바로 이것입니다. 스마트폰 디스플레이가 방출하는 빛으로 액상수지를 한 층씩 단단히 굳혀서 물체를 뽑아내는 것이죠. 제조사 측에 따르면 아이폰6 디스플레이의 빛을 활용할 경우 1cm의 물체를 출력하는 데 약 46분이 소요된다고 하니 속도가 굉장히 느리다고 할 수 있고, 출력물에도 높은 품질을

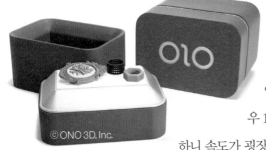

▲ 휴대용 3D프린터 '올로'

기대하기는 어려울 겁니다. 하지만 휴대용 3D프린터가 계속 발전해나간 다면 갑자기 야외에서 물건이 필요할 때 가방에서 3D프린터를 꺼내 필요한 물체를 출력하는 영화 같은 일이 실제로도 가능해지겠죠?

'맛'을 출력하는 레스토랑

3D프린터를 활용해서 아예 레스토랑을 오픈하는 회사도 있습니다. 3D 프린터로 초콜릿이나 피자 등 음식을 출력할 수 있다는 사실은 많이들 알고 계실 텐데요. 영국의 푸드잉크(Food Ink)라는 회사는 단순한 음식

▼ 영국의 3D프린터 레스토랑 '푸드잉크'

물 출력을 넘어 식기도구와 인테리어 장식품들까지 3D프린터로 출력하고 있습니다.

푸드잉크는 런던을 시작으로 해서 전 세계 주요도시를 순회하며 3D 프린터 팝업 레스토랑을 오픈할 계획이라고 하는데요. 이곳의 음식은 '조리'된다기보단 '출력'된다고 해야겠죠? 손님이 식당에 들어가 마치 자판기를 누르듯 음식을 선택하면 3D프린터가 음식을 출력해주는 식당이 미래엔 곳곳에 생겨날지도 모르겠습니다.

로봇이 일하는 3D프린터 공장

마지막으로 소개해드릴 곳은 3D프린터를 이용한 공장입니다. 공장 안에 컨베이어 벨트나 압축기, 절삭기 대신 3D 프린터 수십 대를 두고 물건을 생산하는 것이죠. 3D프린터 공장을 이용하면 기존 공장에 비해 적은 비용으로도 개인이 만들고자 하는 제품을 100개, 500개 등 비교적 대량으로 생산하는 것이 가능한데요. 한국을 비롯해 세계 곳곳에는 이미 이런 3D프린터 공장들이 존재합니다.

그런데 한 가지 문제가 있습니다. 3D프린터가 출력물을 하나씩 완성할 때마다 사람이 그것들을 일일이 꺼낸 뒤 다시 새로운 출력판(플레이트)을 넣어줘야 한다는 것인데요. 미국의 3D프린터 공장인 '부두 매뉴팩처링(Voodoo Manufacturing)'은 로봇을 도입해 이 과정을 자동화했습니다.

3D프린터가 출력을 마치면 로봇팔이 24시간 쉬지 않고 출력물을 꺼내며 사람 대신 판을 교체해주는 것이죠. 덕분에 앞으로 3D프린터 공

▲ 로봇이 출력판을 갈아주는 3D프린터 공장 '부두 매뉴팩처링'

장의 효율성이 높아지고 고객은 더욱 저렴하게 3D프린터 공장을 이용
할 수 있을 것으로 기대됩니다.

***

어떠신가요? 3D프린터가 정말 다양한 분야에서 활용되고 있죠? 미래엔 3D프린터의 영역이 어디까지 확
대될지 지켜보는 것도 재미있을 것 같습니다.

하늘에서의 기회가 열리다
_드론의 전천후 활약상

여러분 주변에 혹시 하늘과 관련된 직업을 가진 분이 계신가요? 아마 많지는 않으실 겁니다. 하늘과 연관된 직업 자체가 공군, 파일럿, 스튜어디스 등 몇몇에 불과하니까요. 그만큼 하늘은 여전히 사람이 쉽게 다가가기 힘든 공간인 셈입니다.

하지만 드론의 발달은 이러한 상황을 바꿔놓고 있습니다. 영상 촬영은 물론 택배, 해양구조 활동, 농약 살포 등 드론을 통해 하늘에서 이루어지는 일들은 점점 많아지고 있으니까요. 앞으로도 우리는 드론을 이용해서 하늘에 무수히 많은 기회들을 만들어낼 것으로 보입니다. 그에 따라 하늘과 관련된 새로운 직업들도 탄생하겠죠. 즉, 우리는 본격적으로 하늘이란 공간을 개척해가는 세대가 되는 겁니다. 인간은 과연 이 드론을 어디까지 이용할 수 있을까요? 드론의 이색 활용 사례들을 살펴보시며 미래의 모습을 상상해보시기 바랍니다.

드론으로 다리를 만들 수 있다?

스위스에 있는 취리히 연방공과대학에서는 2015년에 드론을 이용한 재미난 프로젝트를 진행했습니다. 바로 드론을 이용하여 높은 곳에 간이 다리를 건설하는 프로젝트였는데요, 로프를 매단 두세 대의 드론이 서로 교차 비행을 하며 양쪽에 설치된 기둥들에 로프를 칭칭 감아 간이 다리를 만드는 방식이었습니다. 언뜻 보기에는 '저렇게 드론이 왔다갔다 하는 걸로 튼튼한 다리가 완성될까?' 싶지만, 이렇게 만들어진 다리는 놀랍게도 성인 남성이 건너갈 수 있을 정도로 꽤나 견고한 모습을 보여 줬습니다.

　그 밖에도 드론이 벽돌을 하나씩 날라 쌓아 올리는 방식을 이용한 건

▼ 드론을 이용하여 만들어진 간이 다리

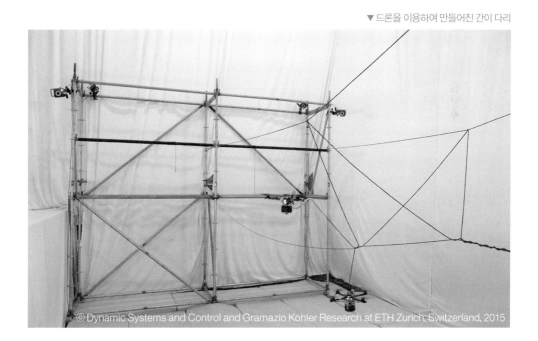

축 프로젝트도 진행된 적이 있는데요, 현재 건설 현장에서는 안전점검 용도로 드론을 활용하고 있지만 관련 기술이 더욱 발전한다면 산악 지대나 공사장, 혹은 재난 현장 등의 높은 곳에서 드론이 사람을 대신하여 보다 안전하게 다리나 구조물을 만드는 것도 가능해질 겁니다. 드론이 만드는 건축물의 종류가 더욱 다양해질 수도 있겠네요.

신종 수상 레포츠, 드론 서핑

이번에는 레포츠 분야에서의 드론 활용 사례를 소개해드리려고 합니다. 미국의 드론 제조사인 프리플라이 시스템즈(Freefly Systems)는 자사의 드론인 '알타 8(ALTA 8)'을 이용한 드론 서핑을 선보여 화제를 모았습니다. 보트 대신 1.3m 크기의 대형 드론에 줄을 매달아 사람이 물에 빠지지 않고 서핑을 즐길 수 있게 한 것이죠. 이 영상은 드론 서핑이라

▼ '프리플라이 시스템즈'에서 선보인 드론 서핑

는 레포츠를 홍보하기 위해서
가 아니라 자사의 드론이 그만
큼 출력 면에서 성능이 좋다는
것을 강조하기 위해 제작된 것
인데요, 앞으로 드론을 활용한
새로운 수상 스포츠가 등장할
지도 모르겠다는 기대를 불러
일으키기에 충분했습니다.

실제로 사람이 탑승해서 물
위를 이동할 수 있는 개인용 비

▲ 드론을 이용한 개인용 비행 장치 '키티 호크 플라이어'

행 장치인 '키티 호크 플라이어(Kitty Hawk Flyer)'라는 제품도 등장했습
니다. 이 제품은 조작법도 간단하기 때문에 면허를 따지 않아도 누구나
쉽게 물 위를 날아서 이동할 수 있다고 합니다. 게다가 이미 미국연방항
공청(FAA)의 승인을 받아 곧 실제로 이용될 예정이라고 하니, 드론 방식
을 이용한 새로운 수상 레포츠들은 계속 등장할 것 같습니다.

응급구조용 앰뷸런스 드론

드론을 응급구조에 활용하는 시도들도 이어지고 있습니다. 특히 여름
철 바닷가에서는 해수욕장 안전점검이나 물에 빠진 사람에게 튜브를
던져주는 등의 인명구조 작업에도 이미 드론이 이용되고 있지요.

그런데 여기에서 한 발 더 나아가 네덜란드의 델프트 공과대학은 도
심 지역에서도 활용할 수 있는 앰뷸런스 드론 프로젝트를 2014년에 선

▲ 네덜란드 델프트 공과대학이 개발한 앰뷸런스 드론

보였습니다. 만약 누군가 심장마비로 쓰러진 경우 응급구조센터에 신고를 하면 자동제세동기(AED)를 탑재한 드론이 출동하는 방식인데요, 구급차보다 빠르게 이동할 수 있기 때문에 이러한 응급 상황 시 1분 내에 환자에게 도착할 수 있다는 것이 이 프로젝트의 콘셉트였습니다.

물론 드론이 환자를 직접 구조하는 것은 아닙니다. 하지만 환자 주변에 있는 사람이 응급구조요원의 원격 안내에 따라 드론에 탑재된 자동제세동기를 사용해 구조 활동을 펼칠 수 있다면 그만큼 응급환자의 생명을 살릴 가능성도 높아지겠죠. 공중을 빠르게 비행해 이동할 수 있는 드론의 장점을 이용한 프로젝트라고 할 수 있겠는데요, 아프리카 르완다에서는 2016년부터 수술을 위한 혈액을 배달받을 때 드론을 이용하고 있다고 합니다. 과거 르완다의 지방병원에서 혈액이 필요한 경우에는 차량이나 오토바이를 이용해 3~4시간에 걸쳐 수도까지 다녀와야만 했는데요, 드론을 이용해 하늘로 급한 혈액을 공급받는 것이 가능해지면서 그 시간을 15분으로 단축할 수 있었다고 합니다. 앞으로는 위급한 상황에서 드론이 누구보다 빠르게 도착해 응급 상황을 잘 해결해줄 것이라 기대됩니다.

지뢰를 제거하는 드론

전 세계에 매장되어 있는 지뢰들은 아직도 수많은 사람들에게 피해를 끼치고 있습니다. 하지만 지뢰를 제거하는 작업은 너무 위험하기 때문에 쉽게 해결되지 않는 문제인데요. 앞으로 이 지뢰제거 작업에도 드론이 활약하게 될지 모르겠습니다.

2016년 크라우드펀딩 사이트인 킥스타터에는 '마인 카폰 드론(Mine Kafon Drone)'이라는 지뢰제거용 드론이 등장해 화제를 모았습니다. 이 드론은 지뢰가 묻혀 있는 지역의 지형을 3차원 이미지로 파악한 뒤 지면 4cm 높이에서 비행하며 지뢰를 탐색합니다. 그리고 지뢰가 탐색되

▼ 킥스타터에 등장한 지뢰제거 드론 '마인 카폰 드론'

면 그 위에 가벼운 소형 기폭제를 올려놓는데요, 드론이 위험 지역을 벗어나면 사람이 원격으로 기폭제를 폭발시켜 지뢰를 제거하는 방식이죠. 이렇게 하면 인명 피해나 장비 손실 없이도 지뢰를 없앨 수 있겠죠?

2017년에는 인도의 14세 소년이 지뢰제거 드론을 개발하여 인도 주 정부와 5,000만 루피(약 8억 7,000만 원)의 생산 계약을 맺었다는 뉴스가 보도되었는데요, 지뢰 제거처럼 사람이 수행하기에 위험이 따르는 분야로는 또 어떤 것들이 있는지 여러분도 한번 생각해보시면 어떨까 합니다. 그것이 곧 미래의 새로운 기회가 될 테니까요.

▼ 오픈웍스(OpenWorks)사가 개발한 드론 사냥 제품 '스카이월100(Skywall100)'

* * *

이 외에도 증강현실과 결합해 게임에 활용될 수 있는 드론, 붓을 달아 벽화를 그릴 수 있는 드론, 이미지 분석 기술로 해충을 발견하는 드론, 360˚ 카메라가 부착된 드론 등 다양한 콘셉트의 제품이 연구개발 중이고 또 시장에 출시되고 있는데요, 하늘이란 공간을 자유롭게 이동할 수 있는 드론을 이용해서 할 수 있는 일들에는 정말 한계가 없을 것이란 생각이 듭니다.

하지만 이렇게 드론 사용에 따른 부작용도 우려하지 않을 수 없겠죠. 드론에 달린 카메라로 다른 사람들을 도촬하는 사생활 침해 문제, 드론 추락으로 인한 사고, 드론으로 인한 소음공해 등 여러 문제점들에 대한 예방 및 대비책 역시 드론 개발과 함께 연구되어야 하는 부분입니다. 실제로 드론이 추락할 때 자동으로 펼쳐지는 드론용 낙하산이나 허가받지 않은 지역에서 비행하는 드론을 안전하게 포획할 수 있는 드론 사냥 제품이 하나둘씩 등장하고 있는데요, 이 또한 앞으로 기회가 많은 분야라 할 수 있겠습니다.

자율주행 기능은 내게도 있다!
_자율비행 드론이 바꿔놓을 생활의 변화

제가 처음 드론을 날려봤을 때의 일입니다. 아무 생각 없이 이륙 레버를 확 올렸는데 균형을 잃은 드론이 제 근처에 계셨던 여자분의 얼굴로 날아가더군요. 여자분은 가까스로 그 드론을 피했지만 땅에 추락한 드론의 날개 파편을 다리에 맞아 부상당하는 사고가 발생했습니다. 만약 드론의 파편이 그 여자분의 다리가 아닌 얼굴로 날아갔더라면 어땠을까요? 정말 상상도 하기 싫을 정도로 아찔해집니다.

이렇듯 드론은 생각보다 위험합니다. 조종하는 것도 생각보다 훨씬 어렵죠. 그런데 재미난 점은 가격이 비싼 드론일수록 조종도 쉽다는 것입니다. 10만 원 이하로 비교적 저렴한 드론은 공중에 가만히 띄워두기도 힘든 반면, 100만 원 이상인 드론은 사용자가 별다른 조종을 하지 않아도 각종 센서를 이용해서 안정적으로 비행하는 것은 물론 출발했던 위치로 다시 돌아와 착륙할 수도 있지요.

다양한 첨단 기술이 적용된 드론일수록 조종 방법이 쉽고 안전성도 높은 셈인데요, 그런 기술들 중에서도 가장 주목받는 것은 역시 '자율비행 기능'이 아닐까 싶습니다. 앞서 살펴본 자율주행차처럼 드론이 주변 장애물을 알아서 피하며 사용자가 설정한 루트를 따라 스스로 비행하는 기능이죠. 최근에는 이 자율비행 기능을 이용한 활용처도 늘어나고 있습니다. 어떤 것들이 있는지 하나씩 살펴볼까요?

이제는 셀카봉 대신 셀카 드론

자율비행 기능이 가장 유용하게 쓰이는 분야는 아무래도 촬영 쪽이 될 것 같습니다. 드론을 하늘로 띄운 뒤 촬영하고자 하는 대상을 태블릿이나 스마트폰으로 지정하면 드론이 그 대상을 스스로 따라다니며 촬영해주는 것이죠. 카메라의 이미지를 분석하는 이미지 알고리즘 분석 기술과 더불어 장애물을 파악하며 스스로 피해 가는 데 필요한 적외선 센서와 비전 센서, 초음파 센서 등이 여기에 활용됩니다. 특히나 인공지능을 이용하여 이미지를 분석하는 컴퓨터 비전 기술이 발달하고 있기 때문에 앞으로 카메라와 센서를 용하여 드론이 촬영 대상을 파악하는 기능은 더욱 정교해질 것으로 기대됩니다.

자율비행 기능을 이용하면 셀카 촬영도 쉬워질 것 같습니다. 여행할 때 혼자서도 드론을 멀리 띄워 멋진 풍경과 함께하는 자신의 모습을 셀카로 찍거나, 여러 친구들과 단체사진을 찍을 때에도 드론이 유용하게 사용될 겁니다. 셔터를 누르기 위해 누군가 사진에서 빠져야 할 필요가 없어질 테니까요.

최근엔 이렇게 셀카 촬영을 목적으로 제작된 드론들이 속속 등장하고 있습니다. 전 세계 상업용 드론 시장에서 시장점유율 1위를 자랑하는 DJI는 셀카에 특화된 '스파크(Spark)'라는 소형 드론을 출시했습니다. 스파크를 손바닥 위에 올려놓고 전원 버튼을 누르면 알아서 이륙해 나를 촬영해줍니다. 놀라운 점은 컨트롤러 없이 손동작만으로 조작할 수 있다는 것인데요, 손가락으로 사각형 모양을 만들면 촬영이 시작되고 또 손바닥을 편 채로 팔을 움직이면 그 방향에 따라 드론이 이동하는 방식입니다. 정말 마법사가 된 기분이 들겠죠?

▼ 접고 펼칠 수 있는 셀카용 드론 '호버 카메라'
▼ 초소형 셀카용 드론 '에어셀피'

그 밖에도 드론을 책처럼 접어서 갖고 다니다가 펼쳐서 날리면 인공지능이 촬영 대상을 파악해 셀카를 찍어주는 '호버 카메라(Hover camera)', 스마트폰 케이스 크기 정도로 초소형인 '에어셀피(Airselfie)'라는 셀카용 드론들이 개발되었습니다. 다만 초소형 제품의 경우엔 자율비행 기능이 탑재되어 있지 않아서 스마트폰으로 조종을 해

야 한다는 것이 단점입니다.

이처럼 드론을 이용한 셀카 문화는 점점 확산될 듯한데요, 안타깝게도 동영상 촬영 시 음질 부분은 포기해야 할 것 같습니다. '위이이잉~' 하는 드론의 비행 소리만 크게 녹음될 테니까요.

나를 따라다니는 드론 쟁반

만약 쟁반이 둥둥 떠서 나를 따라다닌다면 어떨까요? 그 위에 내가 좋아하는 간식을 올려놓으면 입이 심심할 때마다 먹을거리를 찾기 위해 이동하지 않아도 될 것이고, 작업장에서 나사 등의 부품을 올려놓으면 작업효율도 높아지겠죠. 이런 장면들 역시 드론의 자율비행 기능을 이용하면 얼마든지 구현할 수 있습니다. 실제로 가벼운 음식을 올려놓을 수 있는 '저키봇(JerkyBot)'이라는 드론 쟁반도 등장했습니다.

▼ 가벼운 간식거리를 올려놓을 수 있는 드론 쟁반 '저키봇'

공개된 영상을 보면 한 남자가 다니는 곳마다 드론 쟁반이 둥둥 떠서 따라다니는데요, 그 위에는 그 사람이 좋아하는 육포가 올려져 있기 때문에 언제든 손을 뻗어 입에 넣을 수 있습니다. 재밌죠? 더 재미난 사실은 이 황당한 드론 쟁반을 만든 사람이 미국 메이저리그 야구선수인 데이빗 오티즈(David Ortiz)라는 점입니다. 그는 육포를 너무 좋아한 나머지 드론 전문가들 및 육포 제조사와 팀을 꾸려 이 황당한 드론을 실제로 제작한 것이죠. 이 쟁반 드론은 마케팅을 위해 절반쯤은 장난으로 만들어진 것 같은데, 미래에는 사람 대신 물건을 들고서 따라다니는 드론이 정말 등장할 수도 있겠죠? 물론 이 경우에도 당분간 '위이이잉~' 하는 드론의 비행 소리는 감수해야겠지만 말입니다.

밤하늘에 펼쳐지는 환상적인 드론 공연

공중에서 팡팡 터지는 아름다운 불꽃들. 불꽃놀이는 사람들이 즐거워하는 대표적인 하늘 공연인데요, 앞으로는 LED 조명을 장착한 수많은 드론이 자율비행하며 밤하늘을 수놓는 아름다운 불빛 공연도 관람할 수 있을 것 같습니다. 상상이 안 되시나요? 하지만 이런 공연은 이미 실제로 진행되고 있습니다. 인텔은 2016년 1월에 100대의 드론을 이용한 하늘 공연에 성공했을 뿐 아니라 같은 해 11월에는 무려 500대의 드론을 하늘에 동시에 띄워 환상적인 불빛 공연을 선보이는 데 성공했습니다. 그리고 이 기록은 기네스북에 등재되었죠.

이 공연을 위해 인텔은 무게 280g의 초경량 드론을 사용했는데요, 이 드론 500대는 모두 프로그램에 따라 일괄적으로 움직입니다. 더욱 멋진 점은 이런 드론들이 하늘에서 글씨를 쓰거나 이미지를 만드는 것도 가능하다는 것이죠. 인텔 공연에서 드론들은 실제로 '500'이라는 숫자나 'Intel'이라는 글자를 공중에 그렸는데요, 심지어 미국 슈퍼볼 경기 하프타임 쇼에서는 인텔의 드론들이 인기가수 레이디 가가(Lady GaGa)와 함께 공연을 펼치며 하늘에 성조기를 만들어 보이기도 했습니다. 수백 대의 드론을 충돌 없이 제어하는 인텔의 기술이 놀랍죠? 드론이 활용된 이런 공연은 앞으로 한국에서도 곧 볼 수 있지 않을까 기대되는데요, 그에 따라 '드론 공연 연출가'라는 새로운 직종이 탄생할 수도 있겠습니다.

▼ 인텔이 500대의 드론으로 시연한 불빛 공연

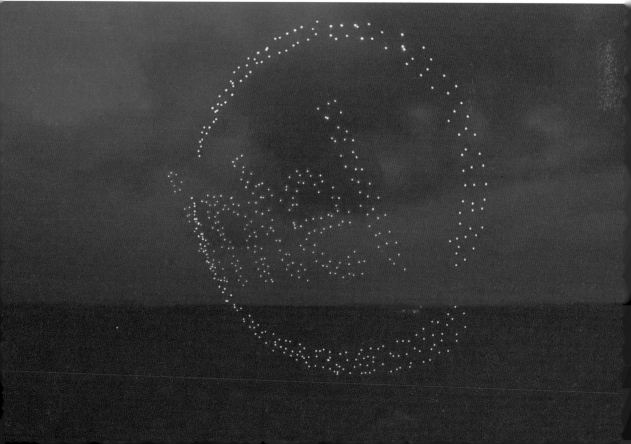

▲ 조명을 탑재한 드론 '플릿 라이츠' 콘셉트 영상의 한 장면

밤거리를 지켜주는 조명 드론

가로등조차 설치되어 있지 않은 시골의 어두운 도로. 한 남성이 집에 귀가하기 위해 스마트폰 앱을 열어 드론을 호출합니다. 그러자 밝은 조명을 탑재한 드론이 출동해 남자가 운전하는 도로를 밝게 비춰줍니다. 집에 안전하게 도착한 남성이 다시 한 번 앱을 켜서 이용종료 버튼을 누르면 드론들은 다시 원래 출동한 위치로 돌아갑니다.

이것은 드론을 밤거리의 조명으로 활용한 '플릿 라이츠(Fleet lights)'라는 프로젝트인데요, 이 장면은 실제로 시행되는 서비스가 아니라 영국의 보험회사인 다이렉트라인(Direct Line)에서 선보인 콘셉트 영상 중 일부입니다. 드론을 이용해서라도 고객들을 어두운 밤거리로부터 지켜주겠다는 마케팅용 영상인데, 단순히 마케팅으로만 끝내기에는 너무나 좋은 아이디어 아닌가요? 드론에 조명을 달면 야간에 드론이 자율비행하며 위험 지역을 감시하거나, 아니면 갑작스레 가로등이 고장 난 지역에 출동해 도로를 밝게 비춰줌으로써 자동차 사고를 예방할 수도 있을테니까요.

* * *

만일 사람이 드론 한 대씩을 일일이 조종해야 한다면 인력이 너무 많이 필요해지기 때문에 실용성이 없겠지만 드론에 장착 가능한 인공지능, 프로그래밍, 각종 센서 및 배터리 등이 발달하고 있으니 드론의 활용 영역도 점차 넓어질 거라고 예상됩니다. 특히나 드론의 이색적 활용이 기대되는 가장 큰 이유는 자율비행 기능이 발달하고 있기 때문인데요, 일반 사람들에게 대중화되기까지는 많은 연구와 발전이 이루어져야겠지만 가까운 미래부터는 이런 드론들이 서서히 우리 생활과 여러 산업 분야에서 다양한 역할을 맡게 될 것 같습니다. 가령 어떤 학생이 깜빡 잊어버리고 과제물을 집에 둔 채 등교했다면 드론을 이용하여 학교에서 과제물을 받을 수 있을 것이고, 식당에서는 날개가 감춰진 안전한 드론이 손님들에게 간단한 서빙을 할 수도 있는 식으로 말이지요. 여러분이 드론의 자율비행 기능을 이용해서 가장 먼저 하고 싶은 것은 무엇인가요?

트렌드,
따르지 말고 이용해라

———————

20년 전만 하더라도 각 동네에는 비디오 대여점이 곳곳에 있었습니다. 당시 비디오 대여점의 주인들은 비디오라는 새로운 기술의 트렌드를 따랐던 사람들입니다. 트렌드를 재빨리 따르면 돈을 벌 수 있을 것이라 생각했고, 실제로 몇 년간은 먹고살 만큼의 돈을 벌기도 했었죠. 하지만 여기저기에 비디오 대여점이 등장해서 경쟁이 벌어짐에 따라 매출이 떨어졌고, 그리 오래 지나지 않아 비디오보다 화질이 좋은 DVD가 등장했으며, 점점 빨라진 인터넷 속도 덕분에 결국 사람들은 영화를 다운로드해서 보기 시작했습니다. 동네마다 있던 비디오 대여점들은 그 과정에서 거의 모두 자취를 감추어버렸죠.

트렌드를 따라가면 기회를 잡을 수 있다는 것은 맞는 말이지만, 그 트렌드가 영원히 지속될 것이라 보장할 수는 없는 것도 사실입니다. 현재 4차 산업혁명이라는 이름하에 3D프린터, 드론, VR, 인공지능 등이 미래 트렌드로 주목받기 시작하자 수많은 사람들이 새로운 기회를 잡기 위해 그

산업에 뛰어들고 있습니다. 그런데 이러한 4차 산업혁명의 트렌드 역시 비디오 산업과 같은 결말을 맞게 될 가능성은 전혀 없는 걸까요?

그렇다고 트렌드를 파악하는 것이 전혀 쓸모없는 일이라는 뜻은 아닙니다. 제가 이 얘기를 하는 이유도 여러분의 '트렌드 파악'을 위해서니까요. 트렌드를 아는 것이 중요한 이유로는 크게 세 가지가 있습니다.

첫째, 기업에게는 트렌드를 파악하는 일이 곧 생존을 결정할 수도 있기 때문입니다. 개인의 입장에서는 자기에게 맞지 않는 거대 트렌드가 별 의미 없을 수 있지만 기업은 그렇지 않죠. 최대다수의 소비자에게 자사의 상품이나 서비스를 판매해서 수익을 올려야 하는 기업의 입장에서는 트렌드를 누구보다 빨리 파악하고 그에 따른 시장을 선점하는 것이 매우 중요합니다.

두 번째 이유는 지나간 과거의 트렌드를 정답으로 여기면 곤란하기 때문입니다. 이는 기업뿐 아니라 개인에게도 해당되는 이야기입니다. 인공

지능의 지속적인 발달 덕에 청소년 교육에서는 암기력이나 연산력 등 기존 교육에서 필요했던 능력의 중요성이 떨어지고 있는데도 여전히 '학교 성적이 최고'라며 아이들을 사교육으로 내모는 학부모들, 저출산에 따른 학생 수 감소로 앞으로는 교사의 수요가 줄어들 가능성이 높음에도 안정적이란 이유만으로 교사를 장래희망으로 삼는 학생들, 또 전기차 시장의 세계적 점유율이 점점 커지고 있는 것이 현실인데 '자동차 수리를 배우면 먹고사는 데 문제없을 것'이라며 열심히 내연기관 자동차 수리공을 준비하는 사람 등을 그 예로 들 수 있습니다.

마지막 세 번째 이유는 트렌드는 따르는 게 아닌, 이용해야 하는 것이기 때문입니다. '나는 이러한 일을 하고 이러한 삶을 살아야겠다'는 자신만의 중심을 먼저 잡은 뒤 새로 생겨나는 4차 산업혁명의 도구들과 큰 흐름을 이용한다면 보다 창의적인 성과를 효율적으로 이룰 수 있을 것입니다. 예를 들어 전직 건축가였던 우크라이나의 파티셰 디나라 카스코(Dinara Kasko) 씨는 자신이 좋아하는 제빵 분야에서 3D프린터를 이용해 환상적인 케이크를 만들어 전 세계적으로 화제를 모으고 있습니다. 3D프린터라는 새로운 트렌드는 그녀의 '목적'이 아니라 더 멋진 케이크를 만드는 데 이용하는 '도구'입니다. 설사 앞으로

3D프린터라는 트렌드가 과거의 비디오 대여점처럼 사라진다 해도 그녀에게는 큰 상관이 없을 겁니다. 그녀는 새롭게 생겨날 또 다른 도구들을 이용해 더욱 새로운 케이크를 만들 테니까요.

하지만 자신에 대한 분석이 이루어지지 않은 상태라면 트렌드가 힘이나 도구보다는 오히려 자신을 흔들어대는 바람이 될 겁니다. 이런 사람은 마치 나침반 없이 표류하는 배와 비슷한 모습이지 않을까요? 3D프린터가 트렌드라고 하니 열심히 따라가다가도 얼마 후 VR이 뜨면 그것에 눈을 돌리고, 곧이어 인공지능이 대세라는 말을 듣고선 또다시 방향 선회를 하는 식일 테니까요. 이런 인생은 계속 변화하는 트렌드를 숨 가쁘게 따라만 가다가 끝나버릴지도 모릅니다. 그 과정에서 과연 행복을 느낄 수 있을까요?

앞으로 미래의 세상은 고령화, 인공지능, 로봇, 저성장, 환경오염, 빈부격차 등 다양한 거대 트렌드의 파도들이 '나'라는 배를 수시로 덮쳐 방향을 흔들어댈 겁니다. 자기가 소중히 여기는 '인생의 가치'라는 나침반을 준비해놓은 사람만이 트렌드라는 거대한 파도를 이용해 자신의 목적지까지 순항할 수 있겠죠. 여러분은 트렌드를 따라 가는 사람이 아닌, 현명하고 효과적으로 그것을 이용하는 사람이 되셨으면 합니다.

환경오염을 기회로 맞이해 뜨고 있는 에너지 산업에는 어떤 것이 있을까?
수년 내에 다가올 민간인 우주여행 시대에 일론 머스크, 리처드 브랜슨,
제프 베조스는 우주에서도 성공할 수 있을까?

PART 07

신재생에너지와 우주개발이 가져올 내일

환경은 지키고, 효율은 높이고
_생활 속에 자리 잡는 신재생에너지

"자연은 사람을 필요로 하지 않습니다. 사람이 자연을 필요로 합니다."

미국의 비영리 환경단체인 국제보호협회(Conservation International)에서 만든 환경보호 문구인데요, 이 말처럼 자연은 인간이 없어도 존재하지만 인간은 자연 없이 존재할 수 없죠. 또 인류는 지금 자동차, 스마트폰, 인공지능 등의 첨단 산업에 집중하고 있지만 사실 그런 것들 없이도 인간은 살아갈 수 있습니다. 그러나 모든 환경이 오염된다면 생존이 불가능하죠. 그렇기 때문에 환경보호 산업은 미래에 가장 중요해질 산업임과 동시에 사람들에게 돈을 벌어다줄 산업이 될 것입니다. 요즘 공기청정기, 미세먼지 마스크, 깨끗한 생수, 식용곤충 등이 활발히 연구 및 개발되고 있는 이유 역시 환경오염을 기회로 맞이해 관련 산업이 성장하고 있기 때문이니까요.

주목받고 있는 신재생에너지 산업

이렇듯 앞으로는 돈도 벌고 지구도 지킬 수 있는 친환경 산업이 계속 발달할 것이라 예상되는데요, 그중에서도 가장 주목을 받고 있는 것은 역시 석유나 석탄 같은 화석연료를 대체할 신재생에너지 산업이 아닐까 싶습니다. 영국 일간지 「인디펜던트(Independent)」에 따르면, 신재생에너지에 특히 공을 들이고 있는 독일에서는 날씨가 좋은 어느 날 전체 에너지 생산량의 무려 85%가 태양광, 풍력, 바이오가스(biogas) 등 신재생에너지를 통해 만들어졌다고 합니다. 즉, 화석연료의 비중은 15%에 그쳤다는 뜻이죠.[03]

또한 2015년 파리기후협약에서는 무려 195개국이 지구의 온도가 산업혁명 이전보다 2℃ 이상 높아지지 않도록 탄소배출 감소를 위해 노력하겠다는 데 서명하기도 했습니다. 이와 같이 화석에너지에서 신재생에너지로의 전환은 피할 수 없는 흐름이라고 할 수 있는데요, 신재생에너지를 사용하는 우리의 미래 생활은 어떻게 달라질지 살펴볼까요?

테슬라가 만든 태양광 패널

앞서 언급했던 것처럼 테슬라는 '이대로 내연기관 자동차를 계속 타다가는 지구가 버틸 수 없을 테니 전기자동차의 시대를 열겠다'면서 전기차의 혁신을 이끌어가고 있는 기업입니다. 이런 테슬라가 2016년 말에는 자동차가 아닌 아주 재미난 신재생에너지 제품을 선보였습니다. 바로 일반 주택의 지붕과 똑같이 생긴 자연스러운 태양광 패널 '솔라루프

03

http://goo.gl/8fHSXD
(기사게재일: 2017. 5. 5.)

▲ 테슬라에서 개발한 기와 모양의 태양광 패널 '솔라루프'

(Solar Roof)'입니다.

보통 태양광 패널이라고 하면 검은색 집열판이 가지런히 붙어 있는 모습을 떠올리게 되는데요, 솔라루프는 일반 주택의 지붕에 얹혀놓는 기와와 그 모습이 똑같습니다. 디자인 또한 네 가지로 개발된 덕에 소비자는 취향이나 주거 환경에 따라 자신이 원하는 태양광 지붕을 선택함으로써 집의 외관을 망치지 않고도 태양 에너지를 이용할 수 있습니다. 게다가 솔라루프는 일반 기와보다 단단하고 저렴하기 때문에 내구성 및 비용 면에서 효과적이기도 합니다. 태양광을 이용하여 전기를 생산하니 전기사용료를 줄일 수 있는 것은 당연하고요. 앞으로 솔라루프 같은 제품들로 지붕을 만든다면 사람들은 자연스럽게 태양광 에너지를 모아 TV를 보고 형광등을 켜고, 심지어 차고에 주차해놓은 전기차까지 충전할 수도 있을 것입니다.

이 제품을 본 어떤 사람들은 '한국 도심 지역은 주택이 적고 아파트나 빌라가 많아 크게 쓸모가 없을 것'이라는 부정적인 의견을 내놓기도 합니다. 하지만 누군가에겐 이 또한 새로운 기회가 될 수 있을 겁니다. 미국과 한국의 주택환경이 다르다는 것에 착안해 한국형 아파트와 빌라에 자연스럽게 어울릴 만한 태양광 패널을 개발한다면 다가오는 신재생에너지 시대에 시장을 선점할 수 있을 테니까요.

유리창처럼 투명한 태양광 패널

자연스러움 면에서 테슬라의 솔라루프보다 더욱 앞선 태양광 충전 패널도 등장했습니다. 미국 미시건 주립대학의 리처드 런트(Richard Lunt) 교수팀이 개발한 태양광 패널은 보통의 유리창처럼 투명해서 육안으로는 구별이 불가능할 정도입니다. 이 투명 태양광 패널은 우리 눈에 보이지 않는 자외선 파장을 모아 전기를 생산할 수 있다고 하는데요, 실제로 미시건 주립대학에서 공개한 영상을 보면 이 패널에 빛을 비추자 패널과 연결된 모터가 돌아가는 모습을 볼 수 있습니다. 아직 상용화되지는 않았지만 이런 방식의 태양광 패널이 계속 발전한다면 빌딩 유리창을 이용해 전기를 생산하거나 스마트폰 디스플레이로도 태양광을 충전하는 것이 가능해질지도 모르겠습니다.

▼ 미시건 주립대학에서 개발된 투명 태양광 패널

▲ 극세사 천을 활용하여 태양광 패널을 청소하는 로봇 'E4'

태양광 패널 청소로봇의 성장

태양광 충전 시설은 태양광 패널에 먼지가 쌓이면 빛을 제대로 흡수하지 못해 충전 효율이 떨어진다는 문제점을 가지고 있습니다. 다시 말해 충전 효율을 높게 유지하려면 패널을 주기적으로 청소해줄 필요가 있는데요, 태양광 패널이 너무 높은 곳에 있거나 그 규모가 거대하다면 사람이 일일이 청소하는 것이 어렵겠죠. 그러다 보니 최근에는 태양광 패널 청소 로봇이 속속 등장하고 있습니다.

이스라엘의 에코피아(Ecoppia)사에서 만든 'E4'라는 로봇이 바로 그

중 하나인데요, 이 로봇은 물을 사용하지 않고 그 대신 극세사 천을 회전시키면서 패널에 쌓인 먼지를 털어줍니다. 또한 로봇 자체에도 태양광 충전 패널이 갖춰져 있기 때문에 태양광 충전 시설의 에너지를 빼앗을 일이 없다는군요. 앞으로는 이렇게 태양광 패널을 자동으로 청소해주는 시스템도 발달할 것으로 예상이 됩니다. 물론 이러한 자동 청소 시스템의 발달이 기존에 사람이 하던 청소 일자리를 빼앗는다는 측면도 있지만, 대신 청소로봇 제조 기술자, 신재생에너지 연구원, 시스템 관리자 등 일자리가 더욱 늘어나는 분야도 생겨나겠죠?

음식물 쓰레기도 원료가 되나요?

이번엔 태양광 에너지가 아닌 바이오가스 에너지 시설에 대해서 이야기해볼까 합니다. 우리가 음식을 섭취하고 남은 음식물 쓰레기 역시 환경오염의 원인이 되는데요, 음식물 쓰레기를 만들지 않는 것이 제일 좋긴 하겠지만 어디에서든 전혀 배출되지 않을 순 없겠지요? 음식물 쓰레기가 썩으며 발생하는 메탄가스와 이산화탄소를 연료로 이용하려는 시도가 계속 이어지는 것도 이 때문입니다.

이러한 바이오가스화 시설은 주로 도시 차원에서 거대하게 설치하는 경우가 많은데요, 한 이스라엘 업체에서는 개인이 가정에서 사용할 수 있는 '홈바이오가스(Homebiogas)'라는 제품을 개발해 화제를 모았습니다. 간단한 설치 후 홈바이오가스에 음식물 쓰레기를 넣으면 장치 안의 박테리아가 쓰레기를 분해해주는데, 이 과정에서 발생하는 메탄가스와 이산화탄소를 가정에서 연료로 쓸 수 있게 하는 방식의 제품입니다. 이

때 생산된 연료의 양은 가정에서 약 2~3시간 동안 요리가 가능한 정도라고 하니 일상생활에 필요한 가스 전체를 대체해준다기보다는 가스요금을 부분적으로 아껴주는 정도라고 봐야겠죠. 또 음식물쓰레기를 분해하고 남은 부산물은 비료로 사용할 수도 있다는 점에서 굉장히 친환경적이라고 할 수 있습니다. 음식물 쓰레기도 줄이고 돈도 절약할 수 있다는 아이디어가 매력인 이 제품은 해외 크라우드펀딩 사이트인 인디고고(Indiegogo)에서 성공적으로 투자금을 모았는데요, 불편이 있는 곳에 사업기회가 있다는 사실을 다시 한 번 확인한 예라 할 수 있겠습니다.

▼ 음식물 쓰레기를 분해해서 연료를 만들어주는 '홈바이오가스'

＊＊＊

이러한 신재생에너지 제품들뿐 아니라 환경을 지키기 위한 수많은 연구가 진행되고 관련 제품들 역시 등

장하고 있습니다. 자동차의 매연을 모아 잉크를 만드는 '에어잉크(AirInk)' 프로젝트, 바다에 버려진 어망과

플라스틱을 재활용해 만든 아디다스의 운동화, 해초 성분으로 만들어 먹을 수 있는 방울 모양으로 제작된

물병 '오호(Ooho)' 등이 그 예죠.

▲ 먹을 수 있는 물병 '오호'

전기 없이도 충전할 수 있어

_휴대용 신재생에너지 충전기

넓게 펼쳐져 있는 태양광 충전 패널들, 벌판에 우뚝 서 있는 풍력 발전기, 그리고 거대한 규모의 수력 발전소 등 신재생에너지 시설이라 하면 우리는 대개 거대한 발전 시설을 떠올리게 되는데요, 최근에는 휴대할 수 있는 신재생에너지 충전기가 등장했습니다. 스마트폰, 드론, 카메라 등 배터리 충전이 필요한 제품들이 점차 늘어남에 따라 외부에서의 충전에 불편함을 느끼는 사람들도 많아지고 있습니다. 제품을 충전하려면 전기가 들어오는 곳을 찾아 다녀야 하니까요. 하지만 휴대용 신재생에너지 충전기는 전기 없이도 충전이 가능하다는 장점이 있는데요, 이번에는 이러한 제품들을 소개해드리겠습니다.

배낭처럼 메는 태양광 충전기

'칼리팩(Kalipak)'이라는 배낭
안에는 접어 넣을 수 있는 휴대
용 태양광 충전 패널과 대용량
배터리가 들어 있습니다. 배낭
을 메고 외출했다가 어떤 제품
을 충전해야 하는데 주변에 마
땅한 곳이 없을 때면 배낭 안에
서 태양광 패널을 꺼내 전기를
생산할 수 있죠. 칼리팩 601 모

▲ 배낭처럼 메는 태양광 충전기 '칼리팩'

델의 경우 한 번 완충되면 아이폰6플러스를 무려 59회나 충전할 수 있
을 정도로 많은 전력을 비축하는 것이 가능하다고 합니다. 무게는 약
6.9kg이라고 하는데요, 산간 지역으로 장기간 캠핑을 가거나 재난 지역
에 전기가 통하지 않을 때, 그리고 아직 전력 시설이 갖춰지지 않은 저개
발 국가에서 사용할 만한 제품입니다. 하지만 일상생활에서 사용하기에
는 좀 크다는 느낌이 들죠?

돌돌 말리는 태양광 충전기

그래서 이번엔 좀 더 작은 제품을 소개해드리려고 합니다. '라이트세이
버 맥스(Lightsaver Max)'라는 이 제품은 종이처럼 말아서 가지고 다닐
수 있는 휴대용 태양광 충전 패널입니다. 패널의 한쪽 끝부분에는 배터

▲ 종이처럼 말아서 휴대할 수 있는 '라이트세이버 맥스'

리와 충전 포트가 달려 있고요. 배터리의 용량은 1만 5,600mAh이며 무게는 물병 한 개 정도에 불과하다고 합니다. 가방에 넣어 다닐 수도 있는 작은 사이즈니 앞서 소개해드린 칼리팩에 비해 가볍고 편리할 것 같네요.

스마트폰 크기의 태양광 충전기

라이트세이버 맥스도 크다고 느껴지시는 분이시라면 이제 정말 일상에서 사용할 만한 크기의 태양광 충전기를 소개해드리겠습니다. 한국 기업 요크(YOLK)에서 만든 '솔라 페이퍼(Solar Paper)'라는 제품인데요, 이 제품은 가로 9cm, 세로 19cm로 스마트폰보다 조금 더 큰 사이즈입니다. 기본으로 제공되는 두 장의 패널을 이용하면 아이폰6 기준으로 맑

은 날 2.5시간이면 완충이 가능하다고 합니다. 즉, 충전기와 거의 동일한 속도로 충전을 할 수 있는 건데요, 재밌게도 옆면이 자석으로 되어 있고 최대 여섯 장까지 연결할 수 있기 때문에 그보다 더 빨리 배터리를 충전하거나 스마트폰 두 대를 동시에 충전할 수도 있습니다. 요즘에는 보조배터리 제품들이 너무나 잘 나와서 굳이 이렇게까지 태양광 충전을 할 일이 많지는 않겠지만, 보조배터리마저 없거나 충전되어 있지 않은 상황에선 요긴하게 사용할 수 있겠습니다. 중요한 점은 이렇게 태양광 충전기가 스마트폰만큼 작아져서 휴대할 수 있을 정도로 기술이 발달했다는 것인데요, 앞으로 휴대용 신재생에너지 충전기의 크기는 얼마나 더 작아질 수 있을지 기대됩니다.

휴대용 수력발전 충전기

마지막으로 소개해드릴 제품은 휴대용 수력발전 충전기입니다. 앞서 살펴본 태양광 충전기들의 치명적인 단점은 날이 흐리면 사용할 수 없다는 것인데요, '이노마드-우노(Enomad-Uno)'라는 물병 크기의 휴대용 수력발전 충전기는 흐르는 물에 던져두면 언제든 배터리를 충전할 수 있습니다. 계곡이 있는 곳에서 사용하기에 가장 적합한 제품이죠. 이노마드-우노의 날개를 펼친 후 계곡이나 시내 등 물이 흐르는 곳에 던져놓으면 날개가 돌아가며 전기를 생산합니다. 내장된 배터리가 완충되는 데 걸리는 시간은 약 4.5시간이고, 배터리 용량은 스마트폰 세 대를 충전할 수 있는 정도라고 하네요.

이 제품은 킥스타터에 등장해서 투자금 유치에 성공했는데요, 한국

▼ 휴대용 수력발전기 '이노마드-우노'

에서는 2017년 9월경에 출시될 예정이라고 합니다. 이처럼 혁신적인 제품이 연구개발되고 성공적인 투자 유치가 가능했다는 사실을 보면, 휴대용 신재생에너지 충전기에 대한 사람들의 관심이 그만큼 높다는 것을 알 수 있습니다.

***

지금까지 살펴본 제품들은 전반적으로 완벽하다고 하기엔 무리가 있습니다. 휴대용 태양광 충전기의 경우 구름이 많은 날에는 쓸 수 없고, 휴대용 수력발전 충전기 또한 흐르는 물이 있는 곳을 찾아야만 사용할 수 있으니까요. 하지만 화석연료에서 신재생에너지로 에너지 생산 방식이 변해가고 있는 지금, 휴대하고 다닐 수 있는 제품에까지 신재생에너지 관련 아이템들이 발전 및 개발되고 있다는 흐름만큼은 우리가 주목해야 할 것 같습니다. 때와 장소에 구애받지 않고 자연의 힘을 이용할 수 있는 휴대용 신재생에너지 제품의 시대는 과연 언제쯤 열리게 될까요?

우주여행은 우리와 함께
_우주 산업을 이끄는 세 기업

1969년 인류가 최초로 달에 착륙했을 때, 사람들은 곧 우주를 여행할 수 있을 것이란 기대를 가졌을 겁니다. 하지만 거의 50년이 지난 지금까지 우주여행의 꿈은 이루어지지 않았죠. 그런데 이제는 드디어 그 꿈이 현실로 이루어질 듯합니다. 미 항공우주국 같은 국가기관뿐 아니라 여러 민간 기업들이 우주항공 산업에 뛰어들면서 그들의 노력이 드디어 결실을 맺으려 하고 있기 때문입니다. 덕분에 현 시대를 살아가는 우리는 '우주여행을 시작한 최초의 세대'로 기록될 겁니다. 정말 멋지죠? 이번에는 우리를 우주로 데려가기 위해 막바지 준비를 하고 있는 세 기업에 대해 이야기해보려 합니다.

일론 머스크의 인류구조 프로젝트, 스페이스 X

일론 머스크는 영화 〈아이언맨〉의 실제 모델이자 전기차의 상징적 기업인 테슬라의 대표입니다. 아마 이 책에서 가장 많이 언급되는 이름일 텐데요. 그 이유는 그가 인류의 미래를 개척하기 위한 굵직하고 놀라운 사업들을 가장 많이 벌이고 있기 때문입니다. 그중 하나가 바로 그가 우주항공 산업을 위해 2002년에 설립한 민간기업 '스페이스X(SpaceX)'죠. 설립 이유는 인류가 영원히 지구에서만 생존하는 건 불가능하고, 따라서 언젠가는 지구를 떠나 다른 행성을 개척해야 한다고 생각했기 때문이었습니다.

하지만 이제 막 새로 생긴 회사가 로켓을 발사하고 우주선을 개발하는 일은 쉽지 않았습니다. 연이은 로켓 발사 실패로 큰 위기에 몰린 적도

▼ 재활용이 가능한 스페이스X의 로켓 '팔콘9(Falcon9)'

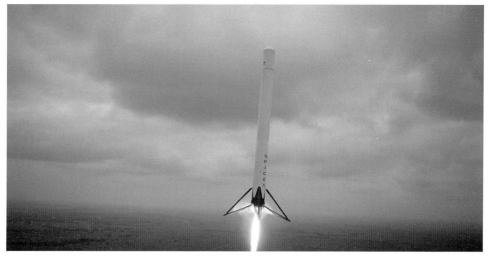

있었지만 결국 2006년에 성공하여 스페이스X는 최초로 우주로켓을 발사한 민간기업으로 기록되었는데요, 그 후 국제우주정거장에 화물을 나르는 16억 달러 규모의 계약까지 미 항공우주국과 맺었습니다. 또한 스페이스X는 로켓의 발사 비용을 낮추기 위해 로켓 재활용 연구를 진행했습니다. 기존의 로켓은 한 번 발사하면 다시 사용할 수 없어 비용이 많이 들었지만, 스페이스X의 로켓은 발사 후 위성이나 우주선을 분리한 뒤 다시 지상으로 수직착륙을 합니다. 덕분에 발사 비용을 절반 이하로 낮출 수 있을 것이라 기대되고 있죠.

현재 스페이스X는 민간인 대상의 상업 우주여행 프로젝트를 NASA와 공동으로 진행하고 있습니다. 첫 시행 시기는 2018년 3월경이 될 것이고 두 명의 우주 관광객을 달에 보낼 계획이라는군요. 우주항공 산업에서도 일론 머스크가 큰 성공을 거둘지 무척 궁금합니다.

괴짜 사업가 리처드 브랜슨의 우주여행사, 버진갤럭틱

16세에 학교 자퇴 후 학생 잡지 창간, 20세에 음반 제작사 설립, 32세에 항공사 설립, 그 밖에도 철도 사업, 웨딩 사업, 모바일 사업 등을 위해 400개 이상의 회사를 설립한 사업계의 전설. 바로 영국 버진(Virgin) 그룹 회장인 리처드 브랜슨의 이야기입니다. 특히나 그는 자신의 사업을 홍보하기 위해 여장을 하거나 열기구에 올라타 대서양을 횡단하고 스트립쇼를 하는 등 괴짜 같은 모습으로 유명해졌지요. 그런 그가 2004년부터는 '버진갤럭틱(Virgin Galactic)'이라는 회사를 설립해 민간인 우주여행 산업에도 진출했습니다.

그가 우주여행 산업에 도전한 이유는 인류가 더 큰 꿈을 꿀 수 있도록 영감을 주기 위해서인데요, 현재 레이디 가가, 저스틴 비버, 스티븐 호킹 박사 등 유명인사들을 포함한 약 6,700명 이상의 사람들이 일찌감치 예약을 해놓은 상태라고 합니다.

▲ 항공기에 매달려 이륙하는 버진갤럭틱의 우주여행선

그런데 버진갤럭틱의 우주여행 방식은 조금 독특합니다. 기존처럼 우주선을 로켓의 윗부분에 실어 발사하는 것이 아니라 보잉(Boeing) 비행기에 매달아 이륙시키고, 비행기로부터 분리된 우주선이 지구 대기권을 약 10분 동안 비행하는 방식이기 때문이죠. 우주여행객들은 그 10분간 우주에서 지구를 내려다보고 무중력 상태도 몇 분 체험한 뒤 지구로 돌아오게 될 것이라는데요, 비용이 25만 달러(약 2억 8,000만 원)쯤이라고 하니 보통 사람들에겐 무척 부담스럽지 않을 수 없겠습니다. 하지만 이러한 우주여행 회사가 많아지고 기술이 더욱 개발될수록 비용 또한 점차 낮아지겠죠. 과연 우리가 살아 있는 동안 얼마나 낮아질지가 관건이 되겠지만 말입니다.

버진갤럭틱은 2014년 시험비행 도중 우주선이 추락하며 조종사가 숨지는 사고도 발생했지만 2016년에는 시험비행에 성공하며 그 꿈을 이뤄가고 있습니다. 2018년엔 스페이스X 및 다음에 살펴볼 블루오리진이 우주여행 사업을 시작할 예정이기 때문에 버진갤럭틱도 경쟁사들에 뒤처지지 않도록 더욱 속도를 높일 것이라 예상됩니다.

제프 베조스의 꿈, 블루오리진

미국의 아마존은 인터넷 서점으로 시작해 이제는 쇼핑과 유통의 미래를 만들고 있는 세계 최대 전자상거래 회사입니다. 그런데 아마존의 창업자인 제프 베조스 역시 2000년 '블루오리진(Blue Origin)'이라는 회사를 설립해 우주 산업을 개척하고 있습니다. 전자결제 시스템 페이팔을 만든 일론 머스크와 학생 잡지를 만들던 리처드 브랜슨에 이어 인터넷 서점을 만들었던 제프 베조스까지, 우주와 전혀 관련이 없었던 사람들이 우주 산업을 이끌어가고 있다니 참 재밌죠?

현재 우주항공 산업에서 가장 큰 주목을 받고 있는 사람은 스페이스X의 일론 머스크지만 사실 제프 베조스는 머스크보다 먼저 이 사업을 시작했습니다. 블루오리진 역시 2015년 최초로 '뉴셰퍼드(New Shepherd)'라는 로켓을 회수해 재활용하는 데 성공했고, 지금은 민간인

▼ 블루오리진의 우주여행 콘셉트 이미지

우주여행을 발 빠르게 준비 중이죠.

블루오리진의 민간인 우주여행은 무척 현실성이 높다고 평가되는데요, 그 이유는 로켓이 고도 약 100km까지 상승한 뒤 우주여행 캡슐이 분리돼 약 5분간 무중력을 체험하고 낙하하는 방식 때문입니다. 즉, 지표면에서 수직으로 상승했다가 하강하는 비교적 단순한 형태인 데다 로켓 발사와 회수에도 지금까지 다섯 차례나 성공한 바 있기 때문에 최초로 성공한 민간 우주여행 회사가 될 가능성이 큰 것이죠. 앞서 잠시 언급했듯 블루오리진도 스페이스X처럼 민간인 우주여행을 2018년에 시도할 예정인데요, 과연 두 회사 중 어느 쪽이 먼저 성공을 거둘지에 세간의 관심이 쏠리고 있습니다.

***

이렇게 보면 2018년, 늦어도 2019년에는 드디어 민간인 우주여행 시대가 열릴 것으로 생각되는데요, 스페이스X, 버진갤럭틱, 블루오리진 그리고 비행기를 만드는 미국의 유명 항공업체 보잉사까지 우주여행 사업에 뛰어들며 서로 더 빠르고 더 나은 서비스를 제공하기 위한 경쟁을 펼치고 있습니다. 이러한 세계적 부호들의 경쟁 덕분에 기술의 발달도 빨라지고 앞으로 가격도 점점 낮아지겠죠. 유명인사들의 인스타그램에 우주여행 셀카가 등장할 날도 그리 멀지 않은 듯합니다. 과연 자신의 상상을 현실로 만들어온 일론 머스크, 리처드 브랜슨, 제프 베조스는 우주에서도 성공할 수 있을까요? 또 우주항공 산업 분야에서 이루어지는 이러한 민간기업들의 경쟁은 우리의 미래에 어떤 영향을 미칠까요? 어쨌든 이들 덕분에 우주라는 공간이 우리에게 더욱 가까워진 것만은 사실인 것 같습니다.

인류 제2의 고향을 찾아라
_화성이주 프로젝트

SF 영화들에서는 인류가 우주선을 타고 다른 행성으로 이동하거나 그곳에서 살아간다는 소재가 많이 사용되는데요, 정말 우리 인류가 지구가 아닌 다른 행성에서 생존할 수 있을까요? 사실 이 질문보다 먼저 생각해봐야 할 것은 '과연 인류가 지구에서 영원히 살 수 있는가?'일 겁니다. 산업혁명 이후 자원의 무분별한 소비, 그리고 그에 따른 환경오염 문제에서 알 수 있듯이 자칫하면 인류가 더 이상 지구에서 살아갈 수 없는 날이 올지도 모르니까요. 게다가 만약 어느 날 갑자기 우주로부터 날아온 운석이 지구와 충돌한다면 과거에 공룡이 사라졌던 것처럼 인류 역시 한순간에 멸망할 수도 있겠죠. 그렇기 때문에 지구 이외에도 인류가 정착할 수 있는 행성을 개척해야 할 필요가 있는 겁니다. 그래도 너무 먼 미래의 이야기로 느껴지시나요? 하지만 화성으로의 이주 프로젝트는 이미 진행 중에 있습니다. 심지어 10년 안에 인류를 화성에 보내겠다는 사람도 있고요.

일론 머스크의 화성이주 프로젝트

바로 앞에서 이야기했던 일론 머스크가 여기에도 또 다시 등장합니다. 다른 사람이라면 몰라도 일론 머스크가 이끄는 프로젝트라면 무시할 수 없죠. 지금까지 불가능을 가능으로, 상상을 현실로 만들어온 엄청난 인물이니까요.

일론 머스크가 품고 있는 꿈 중 하나는 10년 안에 인류를 화성에 보내는 것입니다. 이르면 2022년부터 실현될 수도 있다고 하니 정말 몇 년 남지 않았죠? 스페이스X는 그의 이러한 꿈을 이루기 위해 만들어진 기업이고, 로켓의 효율적인 개조와 재활용 방식을 연구했던 것 역시 인류를 화성으로 보내기 위한 준비의 일환이라고 할 수 있습니다. 더 나아가서는 인류가 행성과 행성을 오갈 수 있는 데 필요한 발판을 만들기 위한 것일 테고요.

사실 이런 꿈을 이루는 것은 결코 쉽지 않을 겁니다. 일단 지금까지 인류가 화성에 도착한 역사가 없으니까요. 현재의 기술로는 화성에 도착하기까지 무려 9개월이 걸린다고 하는데, 짧은 기간이 아닌 만큼 우주선의 고장, 사람들의 정신이상 증세, 산소 부족 등 미처 예상치 못한 상황들이 발생할 가능성도 높습니다. 하지만 2016년 9월 멕시코에서 열린 제67회 국제우주공학회(International Astronautical Congress)에 참석한 일론 머스크는 '우주선이 화성에 도착하는 데 필요한 시간을 150일 이하로 낮추겠다'고 발표했습니다. 짧으면 80일, 길어도 150일 안에는 화성에 도착할 수 있도록 하겠다는 것이었죠. 그의 계획이 현실로 이루어진다면 우리는 10년 안에 사람을 싣고 화성으로 떠나는 우주선의

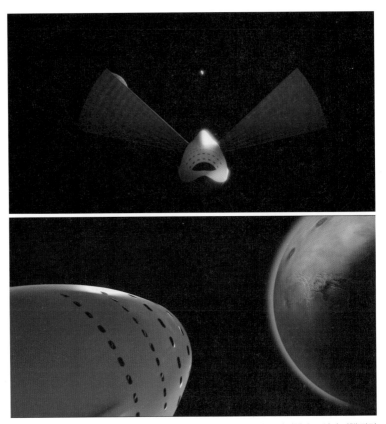

▲ 스페이스X 콘셉트 영상에 등장하는 화성행 우주선의 비행 장면
▲ 같은 영상에서 우주선이 화성으로 접근하는 장면

발사 장면을 뉴스에서 보게 될 텐데요, 최초의 탑승자들이 화성에 도착하기 전에 사망했다는 소식을 들을 가능성도 높습니다. 게다가 만약 화성 착륙에 성공한다고 해도 그들이 돌아올 수 있을지의 여부는 불투명합니다. 화성에는 로켓발사 시설도, 연료도, 또 우주선 정비에 필요한 어떤 것도 존재하지 않으니까요.

사실 일론 머스크 역시 화성으로의 여행이 가지는 위험성은 잘 인지

하고 있습니다. 그래서 '화성행 우주선의 초기 탑승자는 죽을 각오가 된 사람을 위주로 뽑을 것'이라고 얘기하기도 했었지요. 그럼에도 화성 여행을 떠나겠다는 사람은 의외로 많습니다. 일론 머스크의 프로젝트보다 먼저 시작된 네덜란드의 '마스원(Mars One)'이라는 화성 이주 프로젝트에는 무려 120개국에서 7만 8,000여 명이 지원자로 나섰으니까요. 불가능을 현실로 만들어온 일론 머스크의 프로젝트라면 더 많은 사람들이 지원하겠지만, 어쨌든 지원한다고 해도 돈은 두둑하게 준비해둬야겠습니다. 일론 머스크가 진행하는 화성여행의 초기 비용은 20만 달러(약 2억 2,000만 원)로 결코 만만치 않기 때문입니다. 하지만 머스크는 이 가격을 1인당 10만 달러(약 1억 1,000만 원) 수준으로 낮춰갈 계획이라고 합니다. 이렇게 가격 이야기까지 나오는 걸 보니 화성으로의 이주가 현실로 다가오는 것 같죠?

왜 하필 화성일까?

인류가 제2의 고향으로 화성을 선택한 이유는 화성이 지구와 가장 비슷한 환경을 가졌고, 인간이 살 만한 곳으로 만들기가 그나마 덜 어려운 행성이기 때문이라고 합니다. 탐사 결과에 따르면 생성 초기의 화성은 환경 면에서 지구와 매우 유사했을 것으로 추측된다는군요. 또 하루의 길이 또한 지구의 1.02배라서 거의 비슷한데요, 다만 공전주기는 지구의 약 두 배에 이르기 때문에 화성에서의 1년은 365일이 아닌 687일입니다. 생일로만 나이가 늘어난다면 화성에서는 지구에서보다 나이를 더 적게 먹을 수 있겠군요.

인류의 생존에 꼭 필요한 물의 경우, 아직 화성에서 충분한 식수가 발견된 적은 없지만 지표면 아래가 얼음층으로 이루어져 있기 때문에 지하수가 존재할 것이라는 추측도 제기되고 있습니다. 온도 면에서도 다른 행성에 비해 화성이 그나마 지구와 비슷합니다. 금성은 지구에서 가깝긴 하지만 온도가 475℃에 이르기 때문에 사람이 살 수 없죠. 하지만 화성은 영하 80℃ 정도라 차라리 나은 환경입니다. 물론 이대로는 너무 추워서 사람이 살 수 없기 때문에 온도를 높일 필요가 있는데요, 일론 머스크와 과학자들은 핵융합폭탄을 터뜨리거나 우주로부터 태양광을 모으는 등 어떤 방법을 써서라도 화성의 얼음을 녹이고 그 속에 녹아 있는 이산화탄소로 대기를 두껍게 만들어 온실효과를 유발하겠다는 계획을 가지고 있습니다. 이렇게 하면 태양으로부터 받은 열이 대기 안에 갇혀 행성이 좀 더 따뜻해질 수 있기 때문인데요, 지구에서는 문제가 되

▼ 태양계 행성들 중 환경 면에서 지구와 가장 비슷한 화성

는 온실효과가 반대로 화성에서는 필요하다고 하니 이 또한 재미있는 점이라 할 수 있겠습니다. 그 외에 우주로부터 오는 강력한 방사선을 어떻게 막을 것인가, 또 식량은 어떻게 생산할 것인가 등 해결해야 할 과제는 무수히 많지만, 그럼에도 다른 행성들의 환경보다 낫기 때문에 화성은 인류의 제2의 고향이 될 가능성이 가장 높습니다.

***

화성이주 프로젝트는 인류의 장기적 생존을 가능케 해줄 뿐만 아니라 새로운 기회도 열어줄 겁니다. 화성에서의 거주가 현실로 이루어진다면 인류가 새로이 개척해야 할 대상은 일부 지역이 아닌 행성 전체로 넓어질 것이고, 이에 따라 화성을 대상으로 하는 환경 연구는 물론 건설, 식량, 운송 등 다양한 분야의 산업들이 생겨날 테니까요. 물론 그렇게 되기까지는 짧지 않은 시간이 필요하고, 우리 세대에는 화성으로의 이주가 현실로 이루어지지 않을 확률도 지금으로서는 높습니다. 하지만 그것을 위해 지금 우리가 기울이는 노력은 다음 세대가 우주 개척에 성공할 가능성을 더욱 높여주는 '위대한 유산'이 될 겁니다. 과연 인류는 화성으로의 이주에 성공할 수 있을까요?

미래의 아이들에게
필요한 다섯 가지 역량

사회가 변하면 인간이 갖춰야 하는 능력도 달라집니다. 과거 농업 시대와 산업화 시대에는 경험 많은 어른이나 상사로부터 지시받은 육체적 노동을 성실히 수행하는 능력이 필요했다면, 현대에는 정해진 교육 과정을 성실히 마치고 좋은 대학을 졸업한 후 대기업에 취직하거나 공무원이 되어 주어진 지적 노동을 성실하게 수행하는 능력이 중요하다고 여겨진 것 같습니다. 하지만 기술이 발달함에 따라 인간의 육체노동은 기계가, 지적 노동은 인공지능이 대신하는 시대로 옮겨 가면서 인간에게는 이전과 다른 종류의 능력이 요구되고 있습니다. 단순히 주어진 업무를 성실히 이행하는 역량만으로는 부족해지는 것이죠. 그렇다면 지금보다 한층 더 달라질 미래를 살아갈 아이들에게 우리는 어떤 역량을 길러줘야 할까요?

첫 번째는 호기심, 즉 **'끊임없이 궁금해하는 능력'**입니다. 변화가 다양하고 급박하게 이루어질 시대인 만큼 미래엔 한 가지 지식이나 대학에서 전공한 특정 학문만으로 살아가기가 불가능해질 것입니다. 달라진 환경에 유연하게 대처하고 새로운 지식을 끊임없이 배워나가야 한다는 뜻이죠. 게다가 인터넷에는 수많은 정보가 이미 등록되어 있으니 개인이 호기심만 있다면 얼마든지 무료로 지식을 습득하고 새로운 분야를 배우며 똑똑해질 수 있습니다. 그런 면에서 호기심은 가장 기본적인 역량이 될 거고요.

누 번째로 **'상상하는 능력'**이 필요합니다. 어느 누구도 경험해보지 못한 새로운 세상이 될 테니 호기심을 바탕으로 자유롭게 상상할 수 있는 능력을 갖춰야 할 필요가 있는데요, 뛰어난 상상력을 위해서는 특히 '생각의 성실함'이 중요합니다. 끊임없이 질문을 던지며 그다음, 또 그다음의 일들을 계속 상상해나갈 수 있어야 하는 것이죠. 육체노동이 중요했던 과거엔 몸의 성실함이 중요했다면 미래에는 점점 남이 생각하지 못한 것을 상상하고 이끌어내는 생각의 성실함이 중시될 겁니다.

세 번째는 '**문제해결 능력**'을 꼽을 수 있습니다. 아무리 머릿속으로 엄청난 것들을 상상한다 해도 그것으로 끝나버린다면 아무 의미가 없겠죠. 상상한 것들을 직접 실행해보지 않으면 그 아이는 아무것도 배울 수 없을 겁니다. 생각과 현실은 언제나 다르기 마련이니까요. 그렇기 때문에 아이들에겐 자신이 직접 문제를 해결하며 그 과정에서 경험을 쌓는 것이 매우 중요합니다. 또 이렇게 어릴 적부터 쌓인 경험은 이후의 인생을 살아가는 데 있어서 큰 자산이 될 테고요.

네 번째는 '**창의성**'입니다. 단순히 남들이 했던 방식을 따라 하는 것이 아니라 자기만의 방법으로 새롭게 문제를 해결하는 데는 창의성이 매우 중요하게 작용합니다. 그리고 이 창의성이야말로 앞으로 아이들이 인공지능 기계들에게 일자리를 빼앗기지 않게끔 해주는 가장 중요한 역량이라고 할 수 있습니다. 인공지능이 가장 잘하는 것은 계산, 데이터 검색, 분석을 통한 예측인데요. 이것들은 이미 나와 있는 데이터를 토대로 재구성된 통계값에 불과합니다. 인공지능이 새로운 상황에 처하면 어찌할 바를 모르는 것도 이 때문입니다. 입력된 기존 사례나 관련 데이터가 없으니까요. 따라서 답이 이미 나와 있고 체계가 정리된 활동과 업무들에서는 앞으로 인공지능과 로봇이 인간을 대신해가겠지만, 새로운 무언가를 생각해내고 기획하는 창의성은 사람의 몫이 될 겁니다. 그런 면에서 창의성은 아이들이 미래 직업을 가질 때 필수적으로 갖춰야 하는 능력에 해당합니다.

마지막 다섯 번째는 '**공감 능력**'입니다. 아무리 왕성한 호기심과 상상력을 가지고 문제를 창의적으로 해결할 수 있다 해도 공감 능력이 없는 아이의 미래는 그다지 밝지 않을 겁니다. 자신이 가진 능력으로 사람들과 함께 협력하고, 보다 많은 이들과 함께 잘 살기 위한 노력의 동기가 되는 것이 바로 공감 능력인데 그것이 없다면 사람들로부터 외면을 받을 테니까요. 결국 인성이 모든 것의 기본이 될 수밖에 없는 것이죠.

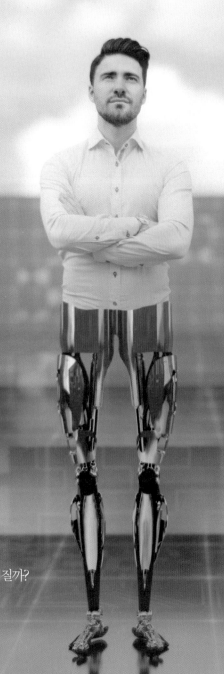

의료기술을 이용해 하반신 마비 환자를 다시 걷게 할 수 있을까?
몸속에 들어가 질병을 치료하는 나노로봇의 개발은 현실로 이루어질까?

PART 08

헬스케어의
미래

치료를 넘어선 혁신
_영화 같은 미래 의료기술

SF 영화를 보면 잘려나간 팔다리가 재생되고, 몸속에 들어간 나노로봇이 질병을 치료하는가 하면 복제인간을 만들어 치료에 이용하기도 합니다. 그런 영화 속 미래 의료기술의 발달은 가끔 무섭게 느껴지기도 하지만 한편으로는 더 빨리 발달해서 혹시라도 내 생명이 위급할 때 이용할 수 있으면 좋겠다는 생각도 들죠.

만약 100년 전 사람들이 현재의 의료기술을 본다면 어떻게 생각할까요? 아마 현실에서는 불가능한 마법 같은 일이라고 생각할지도 모르겠습니다. 과거엔 불치병으로 여겨졌던 많은 질병들이 이제는 주사와 알약만으로도 치료되고, 또 우리의 몸을 직접 열어보지 않더라도 엑스레이나 MRI 등의 장비를 이용해서 안전하게 진단할 수 있으니까요. 그렇다면 앞으로 50년, 100년 후에는 의료기술이 얼마나 발달할까요? 이번에는 영화 속에서나 볼 법한 놀라운 의료기술을 통해 미래를 상상해보는 시간을 가지려고 합니다.

무선통신으로 다시 걷게 된 하반신 마비 원숭이

의료기술을 이용해 하반신 마비 환자를 다시 걷게 할 수 있을까요? 외골격 로봇 같은 고가의 장비를 착용하지 않는 한 하반신 마비 환자가 자신의 다리로 다시 걷는 일이 아직까지는 힘든 것 같습니다. 하지만 의료기술이 더욱 발달할 미래에는 하반신 마비도 그냥 사소한 부상 정도로 생각될지도 모르죠.

2016년 취리히 연방공과대학의 그레고어 코틴(Gregoire Courtine) 교수와 7개국에서 모인 연구진은 이와 관련된 놀라운 연구에 성공해 화제를 모았습니다. 바로 하반신이 마비된 원숭이가 무선통신 기술을 이용해서 다시 자신의 다리로 걷게 하는 데 성공한 것입니다.

하반신 마비의 주요 원인은 척수의 신경이 끊어져 뇌의 신호가 전달되지 않기 때문인데요, 연구진은 뇌의 신호를 파악할 수 있는 전극 장치를 원숭이의 머리에 삽입하고 무선으로 그 신호를 하반신 장치로 보내 다리를 움직이게 했습니다. 물론 직접 신호가 전송되는 것은 아니라 뇌

▼ 무선통신 기술을 이용한 하반신 제어

의 신호를 분석한 컴퓨터가 그것을 다시 하반신 장치로 보내는 방식이었죠. 꽤 복잡한 과정이지만 그래도 이 방식을 이용하면 마비된 팔이나 다리의 신경을 뇌와 직접 연결하지 않아도 무선으로 제어하는 것이 가능합니다.

연구진은 이미 이 실험을 인간을 대상으로 진행해도 된다는 허가를 받았다고 알려졌는데요, 실제로 사람에게 적용하기까지는 수년이 걸릴 것이라고 합니다. 무선통신 기술과 컴퓨터의 데이터 분석 기술이 그와 전혀 무관해 보이는 하반신 마비 치료에 이용된다니 참 신기하죠?

멈춘 심장을 이식하게 해주는 장치

미국의 트렌스메딕스(TransMedics)사는 이미 멈춰버린 장기를 살아 있는 상태처럼 보관해 환자의 몸에 이식할 수 있는 'OCS(Organ Care System)'란 장치를 만들었습니다. 특히 심장의 경우 지금까진 뇌사자의

▼ 트랜스메딕스의 OSC 장치들

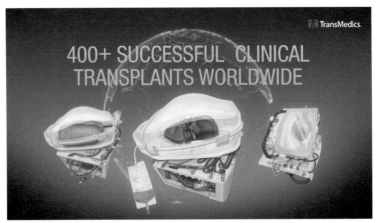

살아 있는 심장만 이식되어왔는데요, OCS를 이용하면 이미 사망한 사람의 신체에서 떼어낸 심장도 이식할 수 있으니 더 많은 환자들에게 큰 도움이 되겠죠.

OSC는 기증자로부터 떼어낸 심장을 냉동하는 것이 아니라 살아 있는 사람의 몸속 상태와 비슷한 환경을 만들어 심장이 손상되지 않게 유지해주는 장치입니다. 따뜻한 혈액과 산소, 영양분 등을 심장으로 보내고, 센서들을 통해 의사들이 상태를 확인할 수 있도록 해주는 것이죠. 현재는 심장과 간, 폐의 보관 기술을 보유하고 있는데요, 트렌스메딕스의 OCS에 간이나 폐를 넣으면 간은 담즙을 생성하고, 폐는 숨을 쉬고 있는 상태가 된다는군요. 정말 과거에는 상상도 못했을 일이죠?

삼켜서 치료하는 로봇

미국의 유명 미래학자인 레이 커즈와일(Ray Kurzweil)은 '미래에는 눈에 보이지 않을 정도로 작은 나노로봇들이 몸속에 들어가 질병을 치료하기 때문에 사람이 죽지 않을 것'이라고 예측합니다. 하지만 '그 정도로 작은 로봇에는 작동에 필요한 각종 장치를 모두 넣을 수 없을 것'이라고 반박하는 이들도 적지 않죠. 과연 레이 커즈와일의 예측은 현실로 이루어질까요?

나노 단위까지는 아니지만 삼켜서 치료하는 로봇에 대한 연구는 지금도 진행되고 있습니다. MIT에서는 2016년 소시지 소재를 이용한 덕분에 몸속에 들어가도 소화가 가능한 '삼키는 치료 로봇'을 공개했는데요, 로봇을 캡슐 형태의 얼음 안에 넣은 후 삼키면 얼음이 녹으며 소시지 소

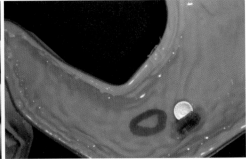

▲ MIT에서 연구 중인 삼키는 로봇 　　　　　▲ 사람이 삼킨 배터리를 위 속에 들어가 제거하는 모습

재의 로봇이 펼쳐지고, 그 후 외부의 자기장을 이용해서 미션을 수행하죠.

　　MIT 연구진은 이 로봇이 사람이 잘못 삼킨 물체를 외부로 배출시키거나, 의료진이 원하는 위치에 직접 약을 전달하는 등의 역할을 할 수 있을 것이라 기대하고 있습니다. 또 앞으로 이러한 로봇에 센서를 달아 외부 제어 없이도 스스로 움직이게끔 하는 게 목표라고 하네요.

소방관의 얼굴을 찾아준 안면이식 수술

1997년에 개봉한 〈페이스오프(Face/Off)〉라는 영화가 있습니다. 얼굴 전체를 떼어내 다른 사람과 얼굴을 바꿔치기하는 이식수술을 받은 두 남자의 복수극을 다룬 영화였는데요, 놀랍게도 약 20년이 지난 지금 그 영화 속 상상이 현실이 되었습니다.

　　미국의 소방관 패트릭 하디슨(Patrick Hardison)은 2001년 화재 진압 중 얼굴에 심한 화상을 입어 얼굴을 거의 잃었습니다. 입술, 눈꺼풀, 귀

가 크게 손상된 하디슨은 그 후 72차
례의 수술을 받았지만 여전히 흉측한
얼굴 때문에 사회생활이 불가능했죠.

그런데 사고 발생 후 14년이 지난
2015년, 그는 뉴욕 의과대학 의료진의
도움을 받아 얼굴 전체를 이식하는 수
술을 받았습니다. 자전거 사고로 의식
을 잃은 청년의 얼굴 전체를 기증받아
그대로 붙이는 대수술이었죠. 영화 속

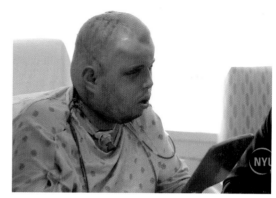

▲ 안면이식 수술을 받은 패트릭 하디슨

상상이 현실이 되는 순간이었습니다. 수술은 무려 26시간 동안 진행되
었고, 성공적인 수술 덕분에 그는 이전보다 훨씬 자연스러운 얼굴을 갖
게 되었습니다. 아무래도 남의 얼굴이다 보니 표정이 부자연스러운 것
은 사실이지만 언뜻 보면 그냥 평범한 얼굴로 보일 정도로 수술 결과는
성공적이었죠. 뉴욕 의과대학에서 공개한 영상을 보면 수술로 다시 얼
굴을 얻은 하디슨 씨가 가족과 포옹하며 우는 장면이 나오는데요, 앞으
로 화상이나 사고로 피해를 입은 많은 사람들이 이런 수술로 혜택을 받
을 수 있으면 좋겠습니다.

냉동인간 보존 단체, 알코어

1993년에 개봉한 〈데몰리션 맨(Demolition Man)〉은 냉동인간에 관한
영화입니다. 치료법이 없어 사망하면 그 사람의 몸을 냉동보관하다가
치료 기술이 발달된 미래에 다시 해동해 다시 살려낸다는 것이 바로 냉

▲ '알코어 재단'의 냉동인간 보존용 탱크

동인간 기술의 목적인데요, 실제로 미국에서만 약 250구의 냉동인간이 보관되어 있고 전 세계적으로는 약 1,500명이 신청한 상태라고 합니다. 04

미국에는 아예 '알코어(Alcor)'라는 냉동인간 보존 단체도 존재합니다. 알코어의 서비스에 가입하면 사망 즉시 구급차가 출동해 신체를 살아 있는 상태처럼 유지해주다가 혈액을 모두 냉동보존 액체로 교체한 뒤 영하 196℃의 액체질소탱크에 보관해준다는데요, 몸 전체를 보관할 경우에는 우리 돈으로 약 2억 원, 머리만 보관하면 약 1억 원 정도의 비용이 든다고 하네요.

04

위키피디아(http://en.wikipedia.org/wiki/Cryonics)

***

냉동보관을 했다가 미래에 해동한다고 해서 그 사람이 살아날 것이라는 보장은 없습니다. 어떻게 보면 알코어 같은 단체는 사람들의 환상을 가지고 장사를 하는 것일지도 모르죠. 하지만 '어차피 죽을 것이라면 미래의 의료기술에 기대를 걸어 냉동인간이 되겠다.'는 사람들의 선택을 부정적으로만 보기는 어렵습니다. 알다시피 미래는 항상 변하는 것이니까요.

사이보그가 된 사람들
_장애와 한계를 극복하게 해주는 로봇 장치

영화나 애니메이션을 보면 신체의 일부분을 사이보그화한 사람들이 나옵니다. 가장 대표적인 영화는 사고로 사이보그가 된 경찰을 다룬 〈로보캅(RoboCop)〉일 것이고, 제일 유명한 애니메이션 캐릭터로는 〈원피스(One Piece)〉에 나오는 사이보그 '프랑키'가 있겠죠.

사고로 팔이나 다리 등 신체 일부분을 잃으면 그 부분에 로봇팔이나 로봇다리를 달게 될 것이라는 상상은 실제로 이미 현실이 되고 있습니다. 세계 곳곳에서 생활 중인 사이보그 사람들을 만나볼까요?

사이보그가 되고 싶은 남자

소프트웨어 개발자이자 해커로 활동하던 팀 캐넌(Tim Cannon)은 영생을 위해 자기 자신을 직접 사이보그로 만들고 싶었습니다. 그래서 2013년 자신의 팔에 바이오칩을 이식하기로 결심했죠. 사고로 팔다리를 잃었거나 심각한 병에 걸린 것도 아닌데 팔의 피부를 찢어 장치를 넣은 것입니다. 그가 팔에 넣은 바이오칩은 크기

▲ 자신의 팔에 바이오칩을 이식한 팀 캐넌

가 거의 스마트폰만 해서 그것을 넣은 팔뚝 부분도 그만큼 불룩 튀어나왔습니다.

그 바이오칩이 하는 일은 캐넌의 체온을 실시간으로 파악하고 LED 전구의 불빛을 내는 정도였습니다. 캐넌은 첫 테스트 이후 90일 뒤 장치를 제거했고, 이후에는 RFID 칩이나 자석, 빛나는 LED 조명 등 다양한 형태의 장치를 자신의 몸에 삽입했다 제거하기를 반복하고 있습니다.

어떻게 보면 팀 캐넌은 자신의 몸으로 여러 실험을 하고 있는 셈인데요, 괴짜처럼 보일 수 있지만 그의 이러한 실험 결과들이 어떤 면에서는 유의미하게 활용될 수도 있습니다. 누군가 자신의 몸에 어떤 장치를 삽입해야 하는 경우 그에 관한 상당한 지식을 제공해줄 수 있을 테니까요. 그래도 무작정 따라 해서는 절대 안 됩니다!

카메라 눈을 가진 사나이

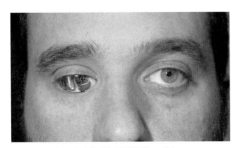
▲ 오른쪽 안구에 카메라를 삽입한 롭 스펜스

영상촬영 기사인 롭 스펜스(Rob Spence)는 어린 시절 사고로 한쪽 눈을 잃었습니다. 그리고 현재 그 자리에는 인공안구가 아닌 카메라가 들어 있고요. 롭 스펜스는 이 프로젝트를 '아이보그(Eyeborg)'라고 부릅니다. 자신의 눈을 사이보그화했다는 의미겠죠.

그가 장착한 카메라 눈은 소형 카메라와 모듈이 내장된 투명 케이스로 구성되어 있는데요, 외부 장치와 무선으로 연결되어 있기 때문에 그가 카메라 눈으로 보는 영상은 외부 장치에 실시간으로 재생되고 녹화까지도 가능합니다. 초기에는 녹화 시간이 3분 정도에 불과했지만 계속 그 성능을 높여가고 있다는군요.

'아이보그' 프로젝트 덕분에 롭 스펜스는 전 세계 사람들의 주목을 받았는데요, 그 이유는 단순히 카메라 눈을 이식받았다는 사실 자체뿐 아니라 그가 이것을 이용해 영상을 촬영하고 다큐멘터리도 제작하기 때문입니다. 앞서 소개해드린 팀 캐넌과 달리 롭 스펜서는 사고로 장애를 갖게 된 사람이지만 그것을 오히려 기회로 바꿔 다양한 활동을 펼치고 있는 모습이 무척 멋지게 느껴집니다.

세 개의 눈을 가진 남자

아방가르드 예술가 닐 하비슨(Neil Harbisson)은 태어날 때부터 색을 전혀 구분하지 못하는 색맹이었습니다. 그가 보는 세상은 온통 흑색과 백색으로만 이루어져 있었죠. 그래서 그는 2004년 자신의 두개골 뒤쪽에 컬러를 감지할 수 있는 안테나 형태의 센서를 삽입했습니다. 이 안테나는 색을 인식하면 그 색을 360가지 소리로 표현해주는데요, 덕분에 닐 하비슨은 소리를 통해 색을 구별하는 것이 가능해졌습니다. 뿐만 아니라 보통 사람은 볼 수 없는 자외선까지 인식하는 능력까지 갖게 되었죠.

하비슨은 이 프로젝트로 '세계 최초의 사이보그'가 됨과 동시에 '세계 최초의 사이보그 아티스트'라고 불리게 되었습니다. 실제 영국 정부는 그가 여권 사진을 찍으려 했을 때 센서 안테나가 삽입된 상태의 모습으로 촬용할 수 있도록 허가해줬다고 합니다. 센서 안테나가 그의 신체 일부분임을 인정한 것이죠. 그는 자신처럼 사이보그가 된 사람들의 권리를 보호하고 또 사이보그가 되고 싶은 사람들을 도와주는 사이보그 협회를 2010년에 공동 설립하기도 했습니다.

▼ 컬러 감지 센서를 머리에 이식한 닐 하비슨

현재 하비슨은 예술가로서 왕성하게 활동하고 있는데요, 안테나를 통해 들은 색의 소리를 실제 색으로 표현해 그림으로 그리는가 하면 버락 오바마의 연설, 저스틴 비버의 노래 속 소리를 색으로 표현하는 작품을 만들기도 합니다. 그의 작품들은 2010년 한국 사비나 미술관에서도 전시된 적이 있죠.

만약 그가 색을 어떻게 '듣는지' 알고 싶으시다면 그가 개발한 '아이보그(Eyeborg)'라는 앱을 다운로드해서 사용해보시기 바랍니다. 이 앱은 스마트폰 카메라가 인식하는 색을 소리로 변환해서 들려주기 때문에 '색을 듣는다'는 것이 어떤 느낌인지 알게 되실 겁니다.

런웨이를 걷는 사이보그 패션모델

레베카 마린(Rebekah Marine)은 어릴 적부터 모델이 꿈이었습니다. 하지만 오른팔이 없는 상태로 태어난 그녀는 모델 에이전시로부터 번번이 거절을 당했죠. 그런데 터치 바이오닉스(Touch Bionics)사에서 만든 최첨단 로봇 의수를 착용하면서 그녀에게도 기회가 찾아왔습니다. 그녀가 착용한 로봇 의수는 센서로 근육의 움직임을 파악해 손의 움직임을 제어하는 방식인데요, SF 영화에서나 볼 수 있을 법한 미래지향적이고 날렵한 디자인이라서 그런지 로봇 의수를 한 레베카 마린의 모습도 뭔가 모르게 묘한 분위기를 띱니다. 덕분에 그녀만이 소화하고 표현할 수 있는 틈새 모델 시장이 열렸지요.

2015년 마린은 뉴욕 패션위크에 패션모델로서 런웨이를 걸으며 자신의 오랜 꿈을 이루게 되었습니다. 이후 자신의 의수를 만들어준 터치 바

▲ 미래지향적인 의수를 착용하며 모델의 꿈을 이룬 레베카 마린

이오닉스의 모델이 되었음은 물론 그 외에도 여러 잡지의 모델로 활동하고 있습니다. 2015년 11월 미국 인터넷 매체 「마샤블(Mashable)」과 가졌던 인터뷰 기사에 따르면 그녀의 꿈은 '「보그」의 표지 모델이 되는 것'이라고 했다는군요. 이 새로운 꿈도 현실로 이루어지길 바랍니다. **05**

사이보그 올림픽 사이배슬론

지난 2016년 10월 스위스 취리히에서는 제1회 사이보그 올림픽 대회가 열렸습니다. 이 대회의 명칭은 '사이보그(cyborg)'와 경기를 뜻하는 '애슬론(athlon)'을 합친 '사이배슬론(Cybathlon)'입니다.

　제1회 사이배슬론에서는 보행보조기구 경기, 로봇팔 경기, 보조도구 사이클링 경기, 전동 휠체어 경기, 외골격 로봇 경기, 그리고 뇌파 내비

05

http://goo.gl/8fHSXD
(기사게재일: 2017. 5. 5.)

▲ 사이보그 올림픽 대회 '사이배슬론'

게이션 경기 등 총 여섯 개가 치러졌습니다. 즉, 사이배슬론은 과학기술의 힘을 빌려 장애를 극복한 사람들의 경기인 것인데요, 인간의 한계를 뛰어넘는다는 의미와 함께 각국의 첨단 과학기술까지 뽐내는 자리라고 할 수 있습니다.

이 대회에는 총 25개국 300여 명이 참가했는데요, 그중에는 한국인도 있었습니다. 서강대와 세브란스병원이 공동으로 개발한 외골격 로봇을 착용한 김병욱 씨가 3위를 차지하는 결과를 달성했죠. 사이보그 올림픽까지 열리기 시작했다니 정말 우리가 영화 속에 사는 것 같지 않으신가요?

***

과학 및 의료 기술의 발달로 장애를 극복한 사람들은 앞으로 점점 많아질 텐데요, 그에 따라 다양한 사이보그 사람들도 등장할 것으로 예상됩니다. 로봇 의수와 로봇 의족은 점점 정교해질 것이고, 신체 마비 환자들은 생각만으로 로봇 신체를 제어하는 것이 가능해지겠죠. 그 밖에도 조금 먼 미래에는 보통 사람들의 눈을 뛰어넘는 다기능 로봇 안구, 사람의 심장보다 강력한 인공심장 등 뛰어난 기능을 가진 인공신체들이 개발될 텐데요, 그렇게 되면 일부러 자신의 신체를 사이보그로 개조하는 사람들이 늘어날지도 모르겠습니다. 또 인간을 뛰어넘는 초인적 사이보그들의 운동경기가 인기 스포츠로 자리 잡을 수도 있겠고요. 장애인의 삶을 개선하고 인류를 새로운 영역으로 데려다줄 사이보그화 기술! 과연 미래에 우리의 몸은 어떤 모습을 띠게 될까요?

기왕 하는 운동, 좀 더 재미나게 하자
_첨단 기술을 이용한 스포츠

영화 〈월–E〉를 보면 미래의 사람들은 하나같이 뚱뚱한 모습으로 등장합니다. 기술이 발달하며 몸을 움직일 일이 없어지다 보니 운동부족으로 모두 비만이 되어버렸다는 설정이었죠. 실제 현재의 우리 생활을 보더라도 과거와는 비교할 수 없을 정도로 육체노동이 줄어들었다는 것을 알 수 있습니다. 세탁기, 청소기, 가스레인지 등이 생활을 편리하게 해주었고 컴퓨터와 스마트폰 등의 발달로 아이들은 밖에서 뛰어놀기보단 앉아서 게임을 즐기는 시간이 늘어났으니까요. 일하는 방식 또한 육체노동에서 컴퓨터 앞에서의 정신노동으로 상당 부분 바뀌었으니, 이대로 가다가는 정말 영화 속 장면처럼 사람들은 몸을 꼼짝도 하지 않을지 모르겠습니다.

날로 성장하는 피트니스 산업

그런데 그와 동시에 함께 성장하고 있는 산업이 있습니다. 바로 피트니스 산업인데요, 동네마다 있는 수많은 헬스클럽과 요가 교실, 그리고 홈쇼핑에서 늘 판매하는 운동기구들을 보면 현대인들이 얼마나 몸매 관리에 많은 신경을 쓰고 있는지 알 수 있습니다. 인간이 하는 노동을 줄이기 위해 자동화 기술을 연구하고 발달시켰는데 이제는 오히려 돈을 써가며 헬스장에서 뛰고 무거운 물건을 들며 육체를 혹사시키고 있다니, 재미있지 않나요?

우리가 이렇게 몸매 관리에 관심을 가지는 이유에는 크게 두 가지가 있습니다. 하나는 인간의 수명이 100년으로 길어지고 있는 만큼 보다 건강한 삶을 살아가고 싶어서고, 다른 하나는 건강한 몸매에 성적 매력을 느끼는 우리의 뇌구조는 변하지 않았기 때문입니다. 기술이 정말 엄청나게 발달해서 우리가 굳이 운동을 하지 않아도 멋진 몸매, 건강한 몸을 유지시켜주지 않는 한, 인간은 앞으로도 운동을 하며 건강과 몸매에 신경 쓸 수밖에 없을 겁니다.

그런데 문제가 있습니다. 운동은 너무나 힘들고 재미가 없다는 것이죠. 그래서 이번에는 운동을 보다 재미있고 효율적으로 만들어주는 데 도움이 되는 첨단 기술 및 기기의 사례들을 알려드리려 합니다.

VR로 영국 자전거 일주를 하는 남자

자전거 타기는 건강에도 좋고 돈도 많이 들지 않는 좋은 운동이죠. 하지

▲ VR을 이용하여 영국을 자전거로 여행하는 에런 퍼지

만 비 오는 날이면 탈 수 없고, 자전거 전용도로가 없는 경우에는 위험하다는 단점이 있습니다. 그렇다고 헬스클럽이나 집에서 사이클 머신을 돌리고 있자니 지루하고 답답한 것이 또 문제고요. 그런데 영국의 에런 퍼지(Aaron Puzey)는 VR 기술을 이용하여 독특한 방법으로 자전거를 타고 있습니다. 구글의 스트리트뷰(Street View) 지도를 삼성의 VR 헤드셋 '기어VR'로 볼 수 있도록 앱을 개발함과 더불어 자전거 속도도 블루투스로 스마트폰에 전송되게끔 해서, 자신이 자전거 페달을 돌릴 때 구글 지도를 이동할 수 있는 방식을 직접 생각해낸 것이죠.

덕분에 그는 방 안에서 자전거로 영국 종단 여행에 성공했습니다. 그의 목표는 영국 최남단에서 최북단 지역까지 1,500km의 자전거 여행을 방 안에서 하는 것인데요, VR을 이용해서 보다 재미있게 자전거를 탈 수 있을 뿐만 아니라 이 방식을 활용하면 세계 어디든 집 안에서 자전거로 여행이 가능하다는 장점이 있습니다.

물론 구글 스트리트뷰는 VR 전용으로 촬영한 이미지가 아니기 때문에 실제 이용할 때는 이미지 왜곡이 심하고 멀미를 일으키기도 한다는데요, 앞으로 이 부분이 해결된다면 운동과 여행 두 마리의 토끼를 모두 잡을 수 있는 아주 멋진 콘텐츠가 탄생할 것으로 기대됩니다.

증강현실로 게임처럼 즐기는 스키

이번에는 증강현실, 즉 AR을 이용한 사례를 살펴볼까 합니다. 2015년 크라우드펀딩 사이트인 인디고고에 올라와 화제를 모았던 '라이드온 고글(Rideon Goggles)'이라는 AR 제품이 있습니다. 이 제품은 스키 고글 한쪽에 구글 글래스처럼 정보를 표시해주는 렌즈가 탑재되어 있어서 이것을 착용하고 스키를 타면 가상으로 장애물을 보여주기도 하고, 누가 더 빨리 타는지 친구들과 경쟁하는 등 스키를 게임처럼 즐길 수 있습니다. 또 스키를 탈 때는 장갑 때문에 스마트폰을 만지기가 힘든데요, 라이드온 고글에는 통신과 카메라 기능이 내장되어 있기 때문에 사용자가 자신의 시선을 이용하여 친구에게 메시지를 보내거나 카메라 촬영도 가능하게 했습니다. 인디고고에 선보였을 당시 성공적으로 투자금을 모았지만 이 제품은 2017년 현재 아직 정식으로 출시되지 않은 상태입니다.

BMW에서도 이와 비슷한 방식의 오토바이용 AR 헬멧을 공개한 적이 있습니다. 오토바이를 탈 때 헬멧 안의 렌즈가 내비게이션 표시를 해주거나 속도를 보여주고, 또 통신과 카메라 기능 역시 사용할 수 있게 한 제품이었죠. 하지만 이 AR 헬멧 역시 아직 출시되지 않았습니다. 아마 좁은 시야각, 선명하지 않은 정보 표시, 배터리 수명, 가격 등 해결해야 할 수많은

▼ 스키용 AR 고글 '라이드온 고글'을 착용한 후의 시야

난제들 때문이라고 추측됩니다. 하지만 이러한 콘셉트의 제품이 등장하고 있는 것을 보면 앞으로 AR 기능을 탑재한 다양한 고글과 헬멧이 출시돼서 운동, 업무, 운전 등에 활용될 수 있을 것 같습니다.

프로젝터를 이용한 신나는 운동

앞서 소개해드린 VR 또는 AR 헤드셋을 이용한 운동의 경우 신기하고 재미있어 보이기는 하지만 실제로 그런 제품을 착용하고 운동한다면 사실 너무나 답답할 겁니다. 안경 정도로 크기가 작아지고 현실과 구별이 되지 않는 수준의 선명한 화질을 구현하지 못한다면 운동에 활용되기까지는 어려움이 너무나 많겠죠. 하지만 2장에서 소개해드린 '안경 없는 증강현실'을 이용하면 어떨까요? 프로젝터와 3D카메라를 이용한다면 굳이 특별한 장비를 착용하지 않고서도 운동을 편하게, 또 게임처럼 즐겁게 할 수 있을 겁니다.

예를 들어 핀란드의 한 업체에서는 게임처럼 암벽등반을 즐길 수 있게 해주는 '어그멘티드 클라이밍 월(Augmented Climbing Wall)'이란 증강현실 암벽등반 프로그램을 개발했습니다.

이 프로그램은 암벽등반용 벽에 프로젝터로 영상을 쏴서 다양한 게임을 즐길 수 있게 했는데요, 벽에 매달린 상태에서 상대방이 쳐내는 가상의 공을 받아치기 위해 벽을 이동하게 하는 식입니다. 이때 3D카메라로 사용자의 움직임을 파악하고 그에 맞춰 프로젝터의 영상이 반응하는 것이죠. 쉽게 말해 암벽등반용 벽에서 테니스를 친다고 생각하시면 됩니다. 그 밖에도 암벽등반 벽에 매달려 위에서 떨어지는 가상의 블록을 깨뜨리거나, 가상의 장애물을 피하는 등 다양한 게임을 즐기며 운동을 하는 것이 가능합니다. 이 증강현실 암벽등반 프로그램은 현재 미국, 유럽, 아시아 등 전 세계로 수출되고 있다는군요. 이러한 방식은 암벽등반뿐만 아니라 다양한 운동에도 활용될 수 있는데요, 스쿼시 코트에 반응형 프로젝터를 설치해 스쿼시를 벽돌깨기 게임처럼 즐길 수 있게 해주는 '펀 위드 볼스(Fun with balls)', 그리고 아이들의 체육시간을 게임처럼 신나게 만들어줄 수 있는 '루(LÜ)' 등 다양한 프로그램들이 등장하고 있습니다.

▲ 게임처럼 즐기는 스쿼시 프로그램 '펀 위드 볼스'
♠ AR을 이용한 암벽등반 게임 '어그멘티드 클라이밍 월'

운동자세 코칭 사물인터넷 거울

운동 시에 올바른 자세가 가지는 중요성은 매우 큽니다. 잘못된 자세로 운동을 하면 부상을 입을 가능성이 높으니까요. 하지만 개인 트레이너를 고용하기에는 비용 면에서 부담스러운 것이 사실이죠. 만약 트레이너를 고용하지 않아도 새로 생겨나는 기술들을 이용해서 나의 운동 자세를 파악하고 교정할 수 있다면 얼마나 좋을까요?

'스마트스폿(Smartspot)'이란 거울은 바로 그런 목적을 위해 만들어진 제품입니다. 이 제품 앞에 서서 스쿼트나 어깨 운동 등 웨이트트레이닝을 하면 나의 자세가 올바른지 체크해주고, 몇 회를 하고 있는 중인지 그

▲ 운동코칭 거울 '스마트스폿'

리고 휴식은 몇 초째 취하고 있는지 등 개인 트레이너가 해주는 일들을 대신 해줍니다. 즉, 내장되어 있는 3D 카메라로 사용자의 동작을 인식하고, 그와 관련된 정보를 디스플레이 기능이 있는 거울에 표시해주는 방식의 제품인 것이죠. 뿐만 아니라 운동 장면을 동영상으로 녹화해서 실제 트레이너의 조언도 받을 수 있다고 하니 꽤 유용하게 활용될 수 있겠죠?

물론 꼼꼼한 자세 파악, 동기부여 등 실제 트레이너와 함께할 때 얻을 수 있는 효과까지 얻긴 힘들겠지만, 제품 가격이 개인 트레이너 고용비의 10~20% 수준으로 낮아진다면 꽤 많은 사람들이 이용하게 될지도 모르겠습니다. 헬스클럽의 경우엔 이러한 스마트거울을 설치해놓고 조금 더 높은 가격에 회원권을 판매할 수도 있겠고요.

이러한 운동코치 거울이 더욱 기대되는 이유는 앞에서도 몇 차례 언급한 '컴퓨터 비전', 즉 인공지능의 이미지 인식 기술이 좋아지고 있기 때문입니다. 그만큼 앞으로는 인공지능이 웨이트트레이닝 같은 단순반복 운동뿐 아니라 축구, 야구, 테니스 등 다양한 운동에서의 자세를 파악하고 조언을 제공할 가능성이 높아질 것으로 보입니다.

미래의 운동코치는 인공지능?

인공지능 운동코치에 대한 이야기를 조금 더 해볼까요? 인공지능을 활용한 운동코칭 제품들은 계속해서 등장하고 있습니다. '비(VI)'라는 제품은 귀에 꽂는 이어폰 형태인데요, 이어폰을 통해 나의 심박 수, 운동 시간, 이동 거리 등을 파악해줄 뿐만 아니라 미리 설정해놓은 운동 계획에 맞춰 "더 빨리 뛰세요!" "다른 언덕으로 이동할까요?" 등 힘찬 음성을 통해 사용자의 운동을 돕는가 하면 열심히 하고 있을 때는 "굉장히 잘하고 있어요!" "놀랍습니다!" 등의 칭찬을 해주기도 합니다.

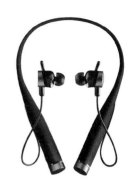

▲ 인공지능 운동코칭
이어폰 '비'

　유명 스포츠 선글라스 업체인 오클리(Oakley)도 인텔과 손잡고 인공지능 운동코칭 선글라스를 선보였는데요, 이 제품 역시 선글라스에 달린 이어폰을 연결해 '비'와 동일한 기능을 제공합니다. 유명 선글라스 업체까지 신경 쓰고 있는 것을 보면 앞으로 인공지능과 스포츠 산업이 활발히 결합할 것 같은데요, 움직임을 감지하는 센서가 더욱 다양하게 발달하고 사람들의 운동 데이터가 많이 쌓이면 쌓일수록 스포츠 분야에서의 인공지능 활용은 굉장히 늘어날 것으로 예상됩니다.

* * *

이 외에도 현재 가상공간에서 힘차게 팔을 흔들어 달리기 대결을 하는 게임, 유명 스포츠선수와의 가상 테니스 대결, AR을 이용해 친구들과 대전게임을 하듯 즐기는 운동 등 스포츠와 관련된 다양한 콘텐츠가 개발되고 있습니다. 이렇듯 미래의 운동은 가상의 공간에서 가상의 트레이너와 게임처럼 즐기는 것이 특징이라고 할 수 있겠는데요, 피트니스 밴드와 스마트워치를 제외하면 아직까지 스포츠 분야에서 일반인들이 널리 이용할 만큼 많은 제품과 서비스가 등장하지는 않았기 때문에 발전이 더욱 기대되는 분야기도 합니다. 어떻습니까? 여러분은 미래의 사람들이 영화에서처럼 모두가 뚱뚱한 모습일 것 같나요? 아니면 첨단기술의 도움으로 더욱 멋진 몸매를 유지할 수 있을 것 같나요?

04

다가오는 〈가타카〉의 시대
_유전자 분석의 대중화가 가져올 변화

여러분은 혹시 유전자 분석을 받아본 적이 있으신가요? 아마 대부분의 분들은 유전자 분석은 친자 확인이나 범죄자 확인에 활용되는 것, 혹은 대형병원에서나 받을 수 있는 비싼 가격의 검사라고 생각하실 겁니다.

하지만 유전자 분석은 이제 누구나 집에서 간단히, 저렴하게 할 수 있는 검사입니다. 물론 초창기에는 가격도 비싸고 시간도 오래 걸렸던 것이 사실이죠. 1990년대만 하더라도 유전자 분석을 하는 데는 약 30억 달러의 비용, 그리고 15년 정도의 분석 시간이 필요했으니까요. 그러나 지금은 비용이 1,000달러 이하로 낮아졌고, 분석하는 시간도 하루면 충분하다고 합니다. 심지어 몇 년 전부터는 비록 제한적이기는 하지만 일반인들이 집에서 10만 원 정도에 이용할 수 있는 유전자 분석 서비스까지 제공되기 시작했습니다. 즉, 인류 역사상 최초로 개인 유전자 분석의 대중화 시대가 시작된 셈인데요, 이것이 지금보다 본격적으로 대중화되면 어떤 변화가 일어날까요?

유전자 분석을 하는 이유

유전자 분석은 한마디로 '과학적인 사주팔자'라고 할 수 있습니다. 내 유전자 속에 들어 있는 정보들을 분석해서 나의 미래를 예측하는 것이 가능하기 때문이죠. 해가 바뀌면 사람들이 새해 운세를 보듯, 그리고 타로 카드 점이나 손금을 보듯 미래에는 유전자 분석을 통해 자신의 미래를 과학적으로 예측하게 될지도 모릅니다.

대표적으로는 암이나 치매 등 각종 중증 질환에 걸릴 가능성이 어느 정도일지 알 수 있는데요, 덕분에 해당 질병에 걸리기 전에 미리 예방하면서 건강을 유지하고 치료비도 아낄 수 있습니다. 실제로 할리우드의 유명 배우인 안젤리나 졸리(Angelina Jolie)는 유전자 분석을 통해 유방암과 난소암에 걸릴 확률이 높다고 진단받은 뒤 암에 걸리기도 전에 유방과 난소 나팔관을 절제하는 수술을 받아 화제를 모았습니다.

또 수명과 관련된 유전자를 분석하면 자신의 수명을 예측할 수 있을 것이라고 기대됩니다. 물론 환경적 영향을 무시할 수는 없겠지만 수명에 대한 정보를 미리 알고 나면 그에 맞춰 건강을 관리하거나 수명에 악영향을 주는 유전자를 변형시키는 등 다양한 방법으로 대비할 수 있겠죠.

그 밖에도 유전자 분석을 통해 탈모, 비만, 피부노화 가능성 등을 분석하는 것도 가능한데요, 이렇게 하면 보다 과학적이고 체계적으로 특정 현상의 발현을 방지하거나 시기 및 진행 속도를 늦추는 등 미래에 미리 대비하는 생활이 시작될 것으로 예상됩니다.

▲ '23앤드미'의 유전자 분석 키트　　　　　　▲ 유전자 분석을 위해 튜브에 타액을 넣는 모습

집에서 유전자 분석이 가능할까

아마 많은 분들이 집에서 유전자 분석을 간단히 할 수 있다는 사실을 모르고 계실 텐데요, 이제 10~20만 원 정도의 키트만 구매하면 누구나 집에서 유전자 분석을 할 수 있는 시대가 되었습니다.

이와 관련된 가장 대표적인 기업으로는 미국의 '23앤드미(23andMe)' 를 꼽을 수 있습니다. 이 회사는 앤 워치츠키(Anne Wojcicki)라는 여성 CEO가 2006년에 설립했는데요, 재밌는 것은 이분이 구글의 공동 창업자인 세르게이 브린의 전 부인이라는 점입니다.

23앤드미가 만든 유전자 분석 키트의 가격은 약 20만 원이고, 검사 방법이 상당히 간단합니다. 키트에 들어 있는 튜브에 침을 뱉고 튜브를 밀봉한 뒤 다시 박스에 넣어서 23앤드미로 보내는 것이 전부거든요. 검사 결과는 몇 주 뒤 사이트에 접속해서 볼 수 있는데요, 일반 개인을 대상으로 진행되는 서비스기 때문에 검사 결과 또한 우리가 이해하기 쉬운 용어들과 그래프를 이용해서 보여줍니다.

이 서비스가 2013년 처음 출시됐을 때만 하더라도 암이나 알츠하이머 등 250여 가지의 유전자 정보 분석을 제공했었는데요, 잘못된 결과가 나올 수 있다는 이유로 미국 FDA로부터 서비스 중단 명령을 받았습니다. 하지만 올해 4월 이후 다시 FDA의 허가를 받아 이 서비스는 현재 조상에 대한 정보, 피부노화, 탈모 가능성 같은 가벼운 유전적 정보부터 시작해 알츠하이머, 파킨슨병 등의 중증질환에 걸릴 확률이 얼마인지까지도 검사할 수 있게 되었습니다.

한국에서는 규제 때문에 이런 서비스가 불가능했지만 2016년 6월 이후 규제가 완화되며 현재 DNA링크(DNA Link), 테라젠이텍스(Theragen Etex), 마크로젠(Macrogen) 등의 국내 기업들이 서비스를 제공하고 있는데요, 앞으로는 이러한 유전자 분석 키트를 편의점에서도 판매하겠다는 목표를 가지고 있다는군요. 한국에도 이제 유전자 분석의 대중화 시대가 열렸다고 할 수 있겠죠?

유전자 분석으로 인한 미래 변화

유전자 분석이 가장 눈부신 활약을 펼칠 것으로 기대되는 분야는 아무래도 의료계입니다. 환자 개인에게 꼭 맞는 치료법과 약품을 개발해 부작용은 줄이고 치료 효과는 높일 수 있을 테니까요. 조금 먼 미래에는 암에 걸리더라도 자신만을 위해 맞춤형으로 제조된 약만 복용하면 낫는 영화 같은 일도 일어날 수 있겠습니다.

질병이 생기기 전에 미리 그것을 예측하고 예방함에 따라 치료비를 획기적으로 줄일 수 있다는 점도 유전자 분석이 가져올 수 있는 긍정적인 변화인데요. 특히나 고령화가 급격히 진행 중인 한국에서는 앞으로 고령층 인구의 의료비가 국가 재정에 큰 부담으로 작용할 가능성이 있다는 점에서 유전자 분석을 통한 질병 예측은 미래에 굉장히 중요해질 것으로 예상됩니다. 어찌 보면 미래 의료 변화의 핵심은 '질병을 치료하던 시대'에서 '질병을 미리 예방하는 시대'로 옮겨가는 데 있다고 할 수 있으니까요.

유전자 분석을 통한 개인형 상품 판매도 기대가 되는 부분입니다. 가령 탈모 유전자가 있다는 유전자 분석 결과가 나왔다면 탈모를 예방할 수 있는 제품들을 검사기관이 의뢰자에게 추천해 판매와 연계할 수 있겠죠. 피부노화나 비만 가능성이 높다는 결과가 나올 경우에도 마찬가지겠고요. 즉, 상품 판매를 단순히 짐작에 의존하던 시대에서 정확한 데이터 분석을 기반으로 하는 시대로 바뀌는 것이죠. 특히 다이어트 업계나 피부미용 업계에서는 이러한 유전자 분석과의 연계가 활발히 이루어질 것으로 기대됩니다.

하지만 문제는 아직까지 유전자 분석 서비스가 시작된 지 얼마 되지 않아서 그 결과를 신뢰하기 어렵다는 점입니다. 물론 이러한 서비스를 제공하는 기업들은 정확도가 99% 이상이라고 홍보하지만 일반인들은 아직 그 정도의 확신을 가질 수 없는 것이죠. 이런 면에서 해당 서비스 기업들에게는 실제 유전자 분석 사례들을 수집하고 그 효과를 구체적으로 알리는 등의 활동을 통해 대중의 신뢰를 쌓아가는 것이 주요 과제 중 하나가 될 것 같습니다.

1997년에 개봉한 영화 〈가타카(Gattaca)〉는 바로 이 유전자 분석이 가져올 미래에 대한 영화입니다. 이 영화 속에 나오는 미래 사회에서는 유전자 변형을 이용한 맞춤형 아기가 탄생하는가 하면 태아의 유전자를 출생 전에 분석해 그 아이의 수명, 직업, 사회적 성공 여부까지도 알 수 있습니다. 한 사람의 운명은 태어날 때부터 유전자로 결정되는 사회, 유전자로 인한 사회적 차별이 이루어지는 사회가 이 영화에서 그리고 있는 미래의 모습입니다.

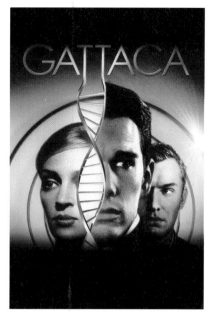

▲ 유전자 분석이 가져올 미래를 다룬 영화 〈가타카〉

* * *

사실 이 영화에 등장하는 것처럼 유전자 분석에 대해 우려되는 점들도 많습니다. 하지만 분명한 사실은 유전자 분석의 대중화가 의료, 산업, 생활에 수많은 긍정적 변화를 가져올 수 있다는 점입니다. 아직은 속도와 비용 면에서 과거보다 나아진 정도에 불과하지만, 앞으로는 의약품이나 치료법 개발 등 보다 적극적인 방향으로 발전해나갈 것이라 기대됩니다.

지금의 미래 교육,
무엇이 문제인가?

'4차 산업혁명이다', '인공지능이 대세다' 하니 교육에서도 변화가 절실하다는 목소리가 최근 들어 높아지고 있습니다. 지금의 암기식, 주입식 교육으로는 아이들이 미래에 필요한 역량을 기를 수 없다는 이유에서죠. 그래서 최근에는 다양한 진로적성 프로그램과 더불어 소프트웨어, 3D프린터, 드론, 로봇, VR 등의 미래 기술과 연관된 교육 프로그램도 학교 교육 현장에 점점 스며들고 있는 분위기입니다.

그런데 코딩 교육, 3D프린터 교육, 드론 교육 같은 것들을 아이들에게 진행한다고 해서 과연 이것을 미래에 대비하는 교육이라고 할 수 있을까요? 지금 이루어지고 있는 미래 기술 교육의 경우 장기간에 걸쳐 점진적으로 이루어지는 것이 아니라 관련 프로그램을 잠깐 체험하는 수준에 머무르는 것이 현실입니다. 예를 들어 3D프린터 교육 프로그램의 내용을 보면 아이들이 간단한 도형을 붙여 자신만의 물체를 컴퓨터로 디자인하고 그것을 3D프린터로 뽑아 기념품으로 가

져가는 식으로 많이 진행됩니다. 드론 교육 프로그램도 이와 크게 다르지 않아서, 간단한 드론을 조립하거나 날려보며 잠시 경험해보는 수준에 지나지 않죠.

물론 아이들에게 새로운 도구를 활용하는 법을 가르치고, 또 그 도구로 가능한 일들을 상상하게 해보는 일은 훌륭하다고 할 수 있지만 그것만으로는 부족합니다. 도구 사용법을 배운다 해도 현재의 학교 교육과 실생활에서 아이들이 그 도구를 사용할 일은 극히 드물기 때문입니다. 그리고 사용할 일이 없는 도구는 잊히기 마련이죠.

그렇다면 선생님과 부모님은 미래 교육을 위해 어떤 것들을 해나가야 할까요? 아이들로 하여금 3D프린터를 활용하게끔 하고 싶다면 사용법만 가르치고 끝낼 것이 아니라 3D프린터 활용과 관련된 교육 콘텐츠를 지속적으로 개발하고 커리큘럼에도 넣어야 할 겁니다. 가령 '독특한 쿠키 제작'이라는 수업을 진행한다고 가정하면, 아이들이 3D프린터로 자기가 좋아하는 캐릭터의

쿠키 틀을 제작하고 그것으로 쿠키를 만들어볼 수 있게끔 어른들이 판을 깔아줄 수 있겠죠. 그렇다고 반드시 3D프린터만 활용해야 하는 것은 아닙니다. 어떤 친구는 손으로 만들 수도, 또 어떤 친구는 다른 도구를 사용할 수도 있을 테니까요. 각각의 결과물은 나름의 특색을 가지기 마련이니 특정 방식을 사용한다 해서 더 우월하다고 할 수는 없습니다. 중요한 것은 이러한 프로젝트를 통해 아이들 자신이 무언가를 직접 실행해보고 그 경험을 통해 창의력과 문제해결 능력 등을 길러갈 수 있다는 점입니다. 이러한 교육을 프로젝트 중심 교육, PBL(Project Based Learning)이라고 하는데요, 미래의 교육으로 관심 받으며 미국 및 유럽 각국에서 실행되고 있죠.

코딩 분야에서도 마찬가지입니다. 단순히 스크래치(Scratch)와 같은 간단한 코딩 프로그램과 코딩 로봇으로 교육만 하고 끝낼 것이 아니라, 아이들에게 미션을 주는 방식을 활용해보면 어떨까요? 예를 들어 학교 닭장에 있는 달걀을 누군가 자꾸 훔쳐 가니 이를 막을 수 있는 방법을 마련해보자는 미션을 주는 겁니다. 초음파 센서를 이용한 프로그램을 코딩해서 누군가 가까이 오면 소리가 나는 장치를 만드는 것이 한 가지 방법일 수 있겠죠. 물론 이 경우에도 중요한 것은 코딩 가능 여부가 아니라 사람이 직접 감시하는 방법, 감시카메라를 사서 설치하는 방법 등 다양한 아이디어들을 유도해내는 것입니다. 미래 기술은 새로운 도구일 뿐 미래 교육의 목적 그 자체가 될 수 없으니까요. 선생님과 어른들은 아이들에게 이러한 배움의 장을 만들어주고 아이들이 도움을 필요로 할 때 지원해주면 됩니다. 지식은 아이들이 인터넷과 책 등을 이용해 스스로 찾고 배우게끔 해야겠죠. 검색만 하면 나오는 지식까지 아이들에게 떠먹여줄 필요는 없고, 아이들이 반드시 암기해야 할 필요 또한 없습니다. 미래 교육은 단순히 미래에 사용될 기술이나 도구를 가르치는 것에 그쳐서는 안 됩니다. 4차 산업혁명이라는 기술적 틀에 갇혀 도구 그 자체에만 집중하는 미래 교육은 우리 아이들에게 큰 도움이 안 될 테니까요. 미래 교육이란 아이들이 스스로 지식을 검색하고 익히며 기존의 도구와 새로운 도구들을 활용해 스스로 실행해보는 것, 그리고 다른 이들과 협동하고 실패도 겪으면서 창의력과 문제해결 능력을 쌓아가는 과정 자체가 아닐까요?

마트에서 계산대가 사라지고, 생각만으로 인터넷 정보를 검색하거나
사물인터넷 제품들을 제어하며, 스마트폰 없이도 사람들과
통신이 가능한 시대가 성큼 다가왔다.
미래에 우리의 일상은 어떻게 달라질까?

PART 09

생활의 변화

01

고르고 담으면 계산까지 한 번에
_계산대가 사라진 쇼핑의 미래

미래에 사라질 직업 리스트에 종종 등장하는 것이 있습니다. 바로 '마트 계산원'인데요. 아직까지는 대형마트의 계산대 앞에 길게 줄을 서 있는 사람들의 모습, 또 계산원이 고객들의 상품을 계산해주는 것이 자연스러운 풍경이지만 인터넷 쇼핑 및 무인계산 시스템이 계속 발달하고 있는 만큼 앞으로는 점점 접하기 힘들어질지도 모르겠습니다. 계산원이 없는 미래의 가게에서 우린 어떤 방법으로 물건값을 지불하게 될까요?

아마존의 무인계산 시스템

세계 최대의 전자상거래 업체인 아마존은 쇼핑의 미래를 만들고 있는 기업입니다. 택배에는 드론을, 물건 정리에는 로봇을, 상품 주문 과정에는 인공지능을 활용하는 등 쇼핑 분야에서 가장 활발하게 혁신을 이어 가고 있죠. 그런 아마존이 2016년에는 계산대가 사라진 쇼핑 시스템 '아마존Go(Amazon Go)'를 선보였습니다. 아마존은 이 시스템에 적용된 기술을 'Just walk out' 기술, 즉 '그냥 걸어 나가세요' 기술이라고 부릅니다. 계산대도 계산원도 없으니 말 그대로 자기가 사려는 물건을 가지고 그냥 나가라는 거죠. 어떻게 이것이 가능할까요?

먼저 스마트폰에 아마존Go 앱을 설치하고 아마존Go 매장으로 갑니다. 그리고 매장 앞에서 앱을 실행해 QR코드를 인식시킨 뒤 들어가서 사려는 물건을 고르면 가상 장바구니에 그 물건이 등록되고, 그 상태로 매장을 나서면 앱을 통해 자동으로 계산됩니다. 정말 편리하겠죠? 놀라운 점은 마음이 바뀌어서 다시 그 물건을 매대에 올려놓으면 장바구니에서 자동으로 삭제된다는 겁니다. 스마트폰을 만지거나 주변에 있는 버튼 같은 것이 있어서 누른 것도 아닌데 말이죠.

▼ 아마존의 무인계산 시스템 '아마존GO'

Cheesecake Cupcake

Chicken Ban[...]   1

[...]rkling Orange   2

아마존은 이 시스템을 위해 마치 컴퓨터가 눈으로 우리를 지켜보고 있는 것과 같은 컴퓨터 비전 기술, 데이터를 처리해주는 인공지능 알고리즘, 매장 곳곳에 설치된 센서들의 융합 기술 등을 이용했다고 하는데요, 여기에 쓰인 기술은 자율주행차의 그것과 거의 유사하다고 합니다. 자율주행차가 주변 상황을 파악해 스스로 운전하듯이 무인계산 시스템은 가상의 마트 점원이 되어 쇼핑하는 사람들을 파악하는 것이죠. 인공지능이 정말 우리 생활 전반에 안 쓰이는 곳이 없을 것 같죠?

파나소닉의 편의점 무인계산 시스템

일본의 파나소닉 역시 편의점 체인 '로손(Lawson)'과 손잡고 무인계산 시스템인 '레지로보(Regi-robo)'를 선보였습니다. 레지로보는 계산을 뜻하는 '레지스터(register)'와 '로봇(robot)'의 합성어지만 로봇의 모습을 하고 있지는 않습니다. 레지로보는 시스템 이름이기 때문이죠.

레지로보 방식은 이렇습니다. 먼저 편의점에 들어가 특수 장바구니를 집어 들고 사고자 하는 물건들을 장바구니 안에 넣습니다. 이어 레지로보 시스템이 마련되어 있는 계산대로 가서 장바구니를 올려놓으면 밑부분이 열리면서 자신이 담았던 물건들이 자동으로 아래로 떨어져 비닐봉지 안에 담기는데요, 바로 그 과정에서 역시 자동으로 물건값이 계산됩니다. 이것이 가능한 이유는 모든 물건에 RFID 태그가 붙어 있고, 계산대가 이 RFID 태그를 읽어서 고객이 어떤 물건을 장바구니에 담았는지 파악할 수 있는 덕분입니다. 고객은 모니터를 통해 물건들을 확인하고 결제한 후 비닐봉지를 들고 편의점을 나가면 되죠.

인공지능이 핵심 역할을 하는 아마존의 무인계산 시스템과 달리 파나소닉 레지로보 시스템의 핵심은 RFID 태그라고 할 수 있는데요, 일본의 편의점들은 일본경제산업성과 공동으로 2025년까지 편의점에서 취급하는 1,000억 개의 상품에 전자태그를 달아 무인계산 시스템을 확대해나갈 예정이라고 합니다. 그리고 이렇게 모든 상품에 전자태그를 부착하면 생산일자와 유통 과정, 재고량까지 추적할 수 있기 때문에 상품관리의 효율성을 높여줄 것이라고도 기대하고 있습니다.

　일본이 이렇게 적극적으로 무인계산 시스템을 도입하는 이유는 인건비를 낮추기 위해서가 아니라 오히려 심각한 고령화 사회인 탓에 편의점에서 일할 사람을 구할 수 없기 때문이라는군요. 자동화를 진행하지 않으면 편의점을 24시간 운영할 수가 없는 것이죠. 인구 고령화가 급속히 진행 중인 한국에서도 진지하게 고려하지 않을 수 없는 부분입니다.

* * *

과거 휴대폰이 발달하기 전에는 사람들이 밖에서 전화를 걸기 위해 공중전화 부스 앞에 줄지어 서 있었지요. 교통카드가 대중화되기 전에는 전철 티켓을 사려는 사람들이 매표소 앞에, 하이패스가 도입되기 전에는 고속도로 톨게이트를 통과하려는 자동차들이 길게 늘어서 있었고요. 줄을 서서 대기하는 이런 풍경은 점점 역사 속으로 사라지고 있는 셈인데, 그렇다면 우리가 일상적으로 이용하는 마트, 편의점, 카페 같은 공간에서 언제까지 우리는 물건을 구매하기 위해 줄을 서게 될까요?

뇌와 컴퓨터를 직접 연결한다
_브레인넷의 시대

우리의 뇌가 컴퓨터에 연결된다면 무슨 일이 벌어질까요? 생각만으로 인터넷의 정보를 검색하고, 스마트폰이 없어도 사람들과 통신을 하고, 또 사물인터넷 제품들을 생각만으로 제어하게 될지도 모릅니다. 학교에서 우리가 교과서를 보고 내용을 암기하던 풍경도 역사 속으로 사라져버리겠죠. 우리 뇌로 직접 지식을 다운로드할 수 있게 될 테니까요.

이러한 영화 같은 기술을 BCI(Brain-Computer Interface) 라고 합니다. 뇌와 컴퓨터를 연결하는 기술이란 뜻이죠. 그리고 이렇게 우리의 뇌와 컴퓨터, 뇌와 뇌가 연결되는 세상을 '브레인넷'의 세상이라고 부르기도 합니다.

사실 이미 사람들의 뇌는 어느 정도 컴퓨터에 연결되어 있다고 할 수도 있습니다. 궁금한 점이 생기면 바로바로 인터넷이나 스마트폰, 컴퓨터를 검색해 정보를 습득하니까요. 다만 그것들이 신체와 직접적으로 결합되어 있지 않을 뿐이죠. 그런데 문제는 컴퓨터나 스마트폰으로 타이핑하는 속도가 우리의 생각 속도, 컴퓨터의 속도보다 너무나 느리다는 점입니다. 이에 대해 일론 머스크는 2017년 세계정부정상회의(World Government Summit)에서 "컴퓨터는 1초에 1조 비트의 속도로 대화한다. 하지만 우리의 엄지손가락 속도는 초당에 10비트나 100비트에 불과하다."라고 말했습니다. 우리가 엄지를 이용해 스마트폰으로 정보를 검색하는 방식은 그 속도가 너무나 느리기 때문에 뇌와 컴퓨터를 연결해 검색 속도를 높일 필요가 있다는 것이 그의 생각이었죠. 그런데 그런 일이 정말로 가능해질까요?

생각만으로 타이핑이 가능하다?

스탠포드 대학에서도 BCI 연구를 진행하고 있습니다. 연구진이 공개한 영상에서는 전신마비 환자가 놀랍게도 생각만으로 모니터상의 문자들을 클릭해 타이핑을 합니다. 전신이 마비되었으니 몸은 전혀 움직이지 못하지만 연구진은 이 환자의 머리에 구멍을 뚫어 뇌의 신호를 파악하는 장치를 심었고, 환자의 뇌는 케이블을 통해 컴퓨터와 연결되었습니다. 환자가 모니터상의 키패드를 보고 팔을 움직여 키패드를 누르는 생각을 하면 뇌에 삽입한 장치가 그 신호를 파악해서 컴퓨터로 전송합니다. 컴퓨터는 그 신호를 분석해 컴퓨터의 마우스 커서가 생각만으로 움

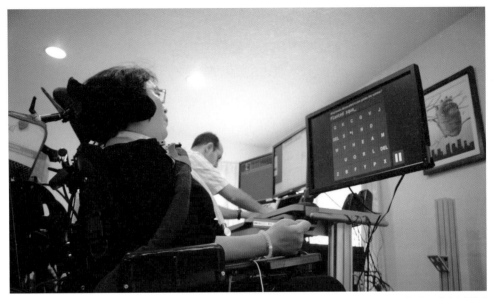

▲ 생각만으로 타이핑을 하는 전신마비 환자

직이게 하는 것이죠. 환자가 실제로 팔을 움직이진 않지만 그렇게 한다는 생각만으로 커서를 이동해 타이핑을 할 수 있는 겁니다. 환자는 이 기술을 이용해 1분에 약 여덟 단어를 입력할 수 있었다고 합니다.

과거 피츠버그 메디컬 센터에서도 이와 같은 방식을 통해 전신마비 환자가 생각만으로 로봇팔을 움직이는 데 성공하기도 했습니다. 팔을 움직인다는 생각을 함으로써 그 환자는 로봇팔로 물체를 쥐거나 스스로 음식을 섭취할 수 있었죠.

생각을 파악하는 EEG 모자

EEG란 'Electroencephalography'의 약자로 신경계에서 뇌신경 사

▲ EGG 모자를 쓴 실험자가 생각만으로 로봇팔을 제어하는 모습

이에 신호가 전달될 때 생기는 전기의 흐름을 말합니다.[06] 만약 이 신호를 파악할 수 있는 장치를 머리에 쓰면 앞서 소개해드린 사례처럼 직접 뇌에 장치를 삽입하지 않아도 해당 장치가 생각을 읽게끔 해서 물체를 제어하는 것이 가능해지죠.

미네소타 대학에서 진행한 연구에서는 실험자가 뇌의 신호를 읽을 수 있는 EEG 모자를 쓰고 생각만으로 로봇팔을 조종해 블록을 집어 올린 뒤 자신이 원하는 위치에 놓는 데 성공했습니다. 실험자가 착용한 EEG 모자에는 64개의 전극이 내장되어 있어 실험자의 뇌파 정보를 파악하고, 컴퓨터는 그 신호를 분석해서 로봇의 움직임으로 반영한 것이죠. 연구진은 여덟 명의 실험자를 약 2개월간 훈련해 70~80%의 성공 결과를 얻었다고 합니다. 다시 말해 EGG 모자를 쓴다고 해서 곧바로 로봇

06
위키피디아(http://
goo.gl/F9xNmZ)

▲ 뉴로스카이의 '마인드웨이브'

팔을 제어할 수 있는 것이 아니기 때문에 훈련이 필요하다는 뜻이죠.

이렇게 뇌파를 파악할 수 있는 장치가 시중에서 판매되고 있기도 합니다. 뉴로스카이(Neurosky)사에서는 뇌파를 파악해 다양하게 응용할 수 있는 '마인드웨이브(Mindwave)'라는 제품을 약 10만 원에 출시했는데요, 비록 로봇팔을 자유로이 움직이게 하는 기기는 아니지만 이 제품은 뇌가 집중하고 있을 때 그 신호를 파악하기 때문에 사용자가 집중을 할수록 드론이 멀리 날아간다거나, 컴퓨터 모니터상의 도형 크기를 바꿀 수 있습니다. 그 외에도 뇌파로 사용자의 기분을 파악해 고양이 귀로 표현해주는 '네코미미(Necomimi)'라는 뇌파 머리띠도 있습니다.

앞으로는 뇌파를 더욱 정교하게 감지하는 제품들이 많이 등장할 것으로 기대되는데요, 현재는 음성명령으로 사물인터넷을 제어하는 인공지능 제품들이 인기를 끌고 있지만 미래에는 머리에 착용하는 EEG 제품들을 이용해서 생각만으로 집의 조명을 켜고, 원하는 음악을 재생하고, 심지어 문자 메시

▲ 뇌파로 사용자의 기분을 표시해주는 고양이 머리띠

지를 보내는 것이 가능해질 수도 있겠습니다.

생각을 영상으로 보여주는 기술

영화 〈마이너리티 리포트(Minority Report)〉를 보면 사람의 생각을 파악해 영상으로 보여주는 기술이 나오는데요, 이러한 일들도 지금 현실로 이뤄지고 있습니다. UC버클리 대학의 잭 갤런트(Jack Gallant) 박사는 fMRI 기술을 이용해 사람의 생각을 영상으로 보여주는 연구를 진행 중입니다.

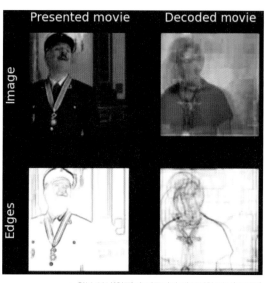

▲ 원본 영상(왼쪽)과 컴퓨터가 재구성한 영상(오른쪽)

먼저 실험자를 MRI 기계에 들어가게 한 뒤 다양한 영상을 보여주면서 그때마다 바뀌는 뇌의 활성화 부위를 기록합니다. 이성을 볼 때는 어떤 부분이, 또 나무를 볼 때는 어디가 활성화되는지 등을 파악해 컴퓨터에 기록하면 일종의 뇌 번역 사전이 완성되는 것이죠. 그 후 다시 MRI 기계에 들어간 실험자에게 새로운 영상을 보여주며 뇌의 활성화 부위를 재차 파악해 그 사람이 보고 있는 것을 영상으로 재구성합니다. 컴퓨터가 뇌의 번역사전을 이용하기 때문에 가능한 일이죠. 만약 실험자가 갈색머리 여성이 이야기하는 영상을 보고 있으면 컴퓨터가 '여성' '갈색머리' 등의 특징을 파악해 인터넷에서 비슷한 이미지를 찾아 보여주는 식입니다. 사람의 생각을 완벽하게 보여주는 수준에는 아직 이르지 못했지만 얼추 비슷한 이미지는 찾아낼 수 있다는군요. 이 기술이 앞으로 더욱 발달한다면 개인의 꿈을 영상으로 기록하거나 범죄를 심문수사하는 일 등에서 다양하게 활용될 수 있겠죠?

거물들도 뛰어든 브레인넷 기술 연구

뇌와 컴퓨터를 연결하는 BCI 기술은 앞으로 더욱 빨리 발전할 것 같습니다. 현재 전 세계에 가장 큰 영향력을 끼치고 있는 ICT 거물들이 BCI 기술 발전에 참여하기 시작했기 때문입니다. 일론 머스크의 경우 2017년 3월에 뉴럴링크(Neural Link)라는 기업을 설립했는데요, 이 회사는 뇌에 신경 레이스(neural lace)를 삽입해 뇌의 전기신호를 파악하는 기술에 주목하고 있습니다. 초기에는 뇌전증이나 우울증 등 뇌와 관련된 질환을 치료하는 데 이 기술을 사용할 것으로 예상되는데요, 뉴럴링크의 궁극적인 목표는 뇌와 컴퓨터를 연결해 인간의 능력을 향상시키는 데 있습니다. 일론 머스크는 평소에도 인공지능의 지나친 발달로 인류가 위협에 처할 수 있다고 우려해왔는데요, 이렇게 인간의 뇌를 컴퓨터와 연결해 정보처리 능력을 향상시킴으로써 인공지능과 공생할 수 있는 힘을 갖게 하려는 목표로도 해석됩니다.

페이스북 역시 개발자포럼 'F8 2017'을 통해 뇌와 컴퓨터의 연결을 연구 중이라고 발표했는데요, 뇌에 외부 물체를 삽입하는 방식을 사용하는 뉴럴링크와 달리 페이스북은 웨어러블 방식을 연구하고 있다고 합니다. 페이스북의 목표는 생각만으로 1분당 100단어를 타이핑할 수 있는 비침습(non-invasive) 방식의 기술을 개발하는 것인데요, 이와 더불어 피부를 통한 언어전달 기술도 연구 중이라고 밝혔습니다. 만약 이러한 기술이 더욱 발달한다면 사람이 말소리를 통해 대화를 하지 않아도, 또 심지어 서로 사용하는 언어가 달라도 소통이 가능해질 겁니다. 한 사람이 중국어로 생각해도 다른 사람은 스페인어로 알아들을 수 있는 식으로 말이죠.

물론 아무리 거대 기업들과 막대한 자본이 투입된다고 해도 뇌와 컴퓨터가 연결되기까지는 오랜 시간이 걸릴 것이라 예상됩니다. 우리의 뇌를 분석하는 일부터가 만만치 않으니까요. 또 뇌와 컴퓨터를 연결할 때 뇌 속에 외부 물체를 삽입할 것인지, 아니면 웨어러블 형태로 착용할 것인지에 대한 선택도 필요하겠죠.

***

BCI 기술로 뇌와 컴퓨터가 연결되는 브레인넷의 시대가 본격적으로 열리면 인류의 생활은 대전환기를 맞게 될 겁니다. 인류가 정보를 얻는 방식, 소통하는 방식 등 모든 것이 달라지겠죠. 어쩌면 영화 〈트랜센던스(Transcendence)〉나 〈채피(Chappie)〉에 나온 장면처럼 우리 뇌의 모든 정보가 컴퓨터에 다운로드되어 우리의 신체는 죽지만 정신은 컴퓨터에 영원히 존재하게 될지도 모릅니다. 앞으로 뇌과학 분야의 발전이 두려우면서도 기대되는 이유겠죠?

미래에 우리는 무엇을 먹을까?
_식량 부족 문제를 해결해줄 미래 식품들

2017년 현재 지구상의 인구는 약 65억 명으로 추정되는데요, 2050년이 되면 약 100억 명으로 증가할 것이라 예상되고 있습니다. 이렇게 지구의 인구가 늘어나면 무슨 문제가 생길까요? 환경오염, 자원 배분, 국제정치 등 여러 면에서 갈등 요소들이 생기겠지만 아무래도 가장 우려되는 것은 식량부족 문제가 될 것 같습니다. 식량부족의 원인으로는 다양한 것들이 있는데요, 그중에서도 주 원인으로 지목받는 것은 육류 소비의 증가입니다. 소나 돼지 등의 가축을 너무 많이 기르다 보면 곡식, 물, 토지 같은 지구 자원 또한 지나치게 소모됩니다. 소 한 마리가 섭취하는 곡물은 사람 열 명이 먹을 양에 해당한다고 합니다. 다시 말해 고기를 얻기 위한 목적으로 너무나 많은 식량을 소모하고 있기 때문에, 우리가 이렇게 육류 소비를 늘려가다 보면 계속 늘어나는 지구의 인구를 도저히 감당하지 못하는 상황에 처할 것이라는 점이 우려되는 거죠. '고기를 대신할 식품은 없는가?'가 미래를 살아갈 인류에게 있어 큰 해결과제일 수밖에 없는 이유가 이것입니다. 그렇다면 고기를 대신할 미래의 단백질 식품들로는 어떤 것들이 주목받고 있을까요?

© gettyimages

▲ 디저트용 메뚜기·바퀴벌레 튀김

미래의 식량은 곤충?

먼저 가장 주목받는 미래의 단백질 식량은 바로 식용곤충입니다. 너무 징그럽다고요? 하지만 알고 보면 식용곤충은 완전식품이라고 불리는 달걀과 영양분포 면에서 비슷하고, 심지어 메뚜기의 경우 소고기보다 단백질 함유량이 세 배나 높다고 하니 미래의 단백질 보충식품으로는 굉장히 적합하다고 할 수 있습니다. 그래서 세계식량농업기구(FAO)에서는 식용곤충을 미래의 식량부족과 환경오염을 해결해줄 대체식품으로 권장하고 있기도 합니다.

　그렇다면 그 맛은 어떨까요? 번데기를 드시는 분들은 아시겠지만 곤충의 맛은 그렇게 나쁘지 않습니다. 특히나 '고소애'라는 별명이 붙은 갈색거저리 유충의 경우 별명대로 맛이 굉장히 고소합니다. 하지만 제대로 건조나 조리를 하지 않으면 벌레 특유의 쿰쿰한 냄새가 다소 나기 때문에 거부감을 느끼는 분도 계실 수 있죠. 그래서 최근에는 그 거부감을 없애주고자 잡냄새를 없앤 후 분말 형태로 만들어 파스타나 쿠키로 만드는 시도들이 이어지고 있습니다. 일반 밀가루에 비해 단백질 함량이 높으니 건강에는 더 좋겠죠. 물론 '아…… 소고기 먹고 싶다!' 싶은 날은 종종 생기는 데 반해 '아…… 벌레 먹고 싶다!' 하는 생각이 드는 날은 좀처럼 없을 것 같기도 합니다. 하지만 높은 생산성과 영양, 그리고 무엇보다 지구의 미래를 생각했을 때 곤충이 우리가 꼭 고려해봐야 할 미래의 식품임에는 분명하다고 할 수 있습니다.

식물 성분으로 만든 가짜 고기

요즘 마트에 가면 콩으로 만든 고기를 쉽게 접할 수 있습니다. 맛이 진짜 고기와 비슷하다고들 하지만 실제로 먹어보면 어딘가 부족함이 느껴지는 게 사실인데요, 그 한계를 뛰어넘는 제품들도 속속 등장하고 있습니다. 진짜 고기와 구별하기 힘들 정도로 맛이 정교해진 식물 성분의 가짜 고기들이 개발되고 있는 것이죠.

미국의 임파서블푸드(Impossible Foods)는 식물 성분으로 가짜 소고기를 만들고 있는 대표적인 회사인데요, 얼마 전에는 100명의 연구진이 총동원해서 개발한 가짜 고기 햄버거 '임파서블 버거(Impossible Burger)'를 출시해 화제를 모았습니다.

연구진은 이 햄버거에 들어가는 패티의 디테일에도 무척 많은 신경을 썼는데요, 코코넛유를 활용하여 패티를 씹을 때 마치 육즙이 흘러나오는 듯한 느낌까지 받을 수 있게 했다는군요. 그래서 임파서블 버거는 일명 '피 흘리는 채식버거'라고 불리기도 하는데요, 워낙 인기가 좋다 보니 이 버거를 먹으려면 가게 앞에서 줄을 서야 할 정도고 그에 힘입어 미국 내 매장 수도 점점 늘어나고 있다고 합니다.

▲ 식물 성분의 가짜 쇠고기로 만든 '임파서블 버거'
▲ 식물성 단백질로 만든 마요네즈 '저스트 마요'

가짜 달걀을 만들고 그것으로 마요네즈 같은 식품을 제조해 판매하는 기업도 있습니다. 햄튼크릭(Hampton Creek)이라는 회사인데요, 이 회사에서는 약 10여 가지의 식물성 단백질을 원료로 해서 파우더 형태의 인공 달걀을 만듭니다. 그것으로 제조한 '저스트 마요(Just Mayo)'는 그 맛이 달걀 노른자로 만든 일반 마요네즈와 구별하기 어려울 정도로 비슷해서 큰 인기를 누리고 있습니다. 진짜 달걀을 쓰지 않기 때문에 콜레스테롤이 쌓일 우려가 낮고 조류독감의 걱정도 없다는 것 역시 큰 장점이죠.

어떤 사람들은 '그렇게 고기 맛과 똑같은 음식을 먹고 싶으면 그냥 고기를 먹지, 왜 굳이 그런 가짜 고기 식품을 먹는지 이해하지 못하겠다는 반응을 보이기도 합니다. 하지만 지나친 육류 소비에서 비롯되는 식량 부족 및 환경오염 등의 문제를 생각해보면 식물 성분을 활용한 가짜고기 제조업은 앞으로도 계속 주목받을 것으로 예상됩니다.

실험실에서 자란 고기, 배양육

'식용곤충은 못 먹겠다.' '식물 성분의 고기는 성에 차지 않는다.'라고 생각하시는 분들에게는 아마 배양육이 가장 적합하지 않을까 싶습니다. 배양육은 동물의 근육세포에서 채취한 줄기세포를 실험실에서 배양시켜 얻는 고기인데요, 식물이나 곤충으로 만들어진 가짜 고기가 아닌 진짜 고기라서 일반 육류와 맛이 가장 비슷합니다.

이러한 배양육을 기르기 위한 연구는 현재 세계 곳곳에서 진행 중입니다. 실험실에서 고기를 기르면 동물을 기를 때 들어가는 사료나 물

▼ 멤피스미트가 배양육으로 만든 치킨

을 줄일 수 있을 뿐 아니라 좁은 실험실에서도 고기를 대량생산할 수 있을 것이라는 기대에서지요. 배양육 연구 및 개발 중인 멤피스미트(Memphis Meats)사 역시 그중 하나인데요, 이 회사는 배양육을 이용해 미트볼과 치킨, 오리고기도 만듭니다. 문제는 가장 최근에 공개한 배양육 치킨의 경우 450g을 얻는 데 무려 1,000만 원 정도가 들었다는 점입니다.

하지만 앞으로 기술이 발달해 가격이 낮아진다면 실험실에서 저렴한 고기를 대량으로 생산할 수 있을 겁니다. 고기를 얻기 위해 동물을 죽이는 일도 줄어지거나 사라질 것이고요. 그런 행위는 어쩌면 미래엔 야만적인 일로 받아들여질 수도 있겠네요.

＊＊＊

식용곤충, 식물 성분의 고기, 배양육 중 여러분은 어떤 식품이 가장 마음에 드시나요? 혹시 세 가지 식품 모두 그다지 내키지 않으시나요? 하지만 앞서 말씀드렸듯 우리가 지금까지처럼 육류를 소비해나간다면 지구가 버텨낼 수 없고, 식량부족 문제를 해결하기 위해서는 고기 대신 섭취할 수 있는 대체식품을 개발해나가야만 합니다. 그것이 우리 지구의 존폐를 결정할 중요한 요소기 때문입니다. 그래서 빌 게이츠(Bill Gates), 피터 틸(Peter Thiel) 같은 유명 투자자들도 이러한 식품제조 기술, 즉 푸드 테크(food tech)에 투자하고 있다고 합니다. 제아무리 자동차, 인터넷, 로봇 기술이 발달한다 해도 인간은 식량 없이 살 수 없으니 식량 산업이야말로 앞으로 그 성장 가능성이 가장 큰 분야라고 보는 것이죠. 우리는, 또 우리 다음 세대는 미래에 어떤 음식을 먹고 살게 될까요?

언어장벽 없는 시대가 온다
_날로 발전하는 외국어 번역 기술

영어 때문에 스트레스 받은 적 있으시죠? 학생 때는 시험 때문에, 취업할 때는 토익 때문에, 또 여행 갈 때, 회사 업무를 볼 때, 영어 설명서를 읽을 때, 길에서 외국인이 길을 물을 때 등 영어와 관련된 스트레스는 늘 우리를 따라다닙니다. 영어 외에도 중국어, 일본어 등 외국어 때문에 여러 애로사항이나 불편을 겪으신 분들도 많으시겠죠.

하지만 외국어 때문에 스트레스 받을 일이 미래에는 지금보다 확실히 줄어들 것 같습니다. 지금만 보더라도 몇 년 전보다 기술이 발달한 덕분에 영어, 일본어, 중국어의 상당 부분을 꽤 정확히 번역할 수 있게 됐죠.

게다가 얼마 전부터 본격적으로 외국어 번역에 인공지능이 도입되기 시작하면서 더욱 자연스러운 번역이 가능해졌습니다. 구글 번역기, 네이버 파파고, 한컴 지니톡 등 스마트폰 앱만 설치하면 외국에 여행을 가서도 간단한 의사소통은 할 수 있죠. '설마 이것도 번역이 되나?' 싶어서 테스트를 해보면 복잡한 문장임에도 정확하게 번역돼서 놀라울 정도입니다. 그뿐인가요. 인공지능의 눈이라고 할 수 있는 컴퓨터 비전 기술이 발달한 덕에 이제 외국어 글자에 카메라만 가져다 대면 자동으로 번역되어 나타나기도 합니다. 이번엔 이런 앱 외의 또 어떤 제품들이 우리의 외국어 스트레스를 해결해줄 수 있을지, 언어장벽을 무너뜨리는 신기한 번역 제품들을 소개해드리려고 합니다.

목에 걸고 다니는 여행용 통역기

"초면에 실례지만, 당신에게 키스해도 되겠습니까?" 한 서양 남성이 일본 거리를 돌아다니며 일본 여성들에게 이렇게 물어보고 있습니다. 그런데 그는 일본어를 할 줄 모릅니다. 대신 '일리(Illi)'라는 목걸이형 통역기에 대고 영어로 말하면 그 문장이 바로 일본어로 통역되어 나오는 것이죠. 이 상황은 일리의 광고 영상 중 한 장면이었습니다.

일리는 로그바(Logbar)라는 회사에서 만든 제품인데요, 크기가 작아 목에 걸고 다닐 수 있고 버튼을 누르고 말하면 자체 스피커를 통해 외국어가 통역되어 나오는 방식입니다. 좋은 점은 통번역 시스템이 기기 안에 내장되어 있기 때문에 인터넷이나 스마트폰에 연결하지 않아도 언제 어디서든 버튼만 누르면 사용할 수 있다는 것입니다. 인터넷 연결 제품

▼ 목에 거는 여행용 통역기 '일리'

Is there Karaoke near here?

이 아닌 만큼 반응 속도 또한 0.2초로 매우 빠르다는군요. 1차 출시 버전에서는 영어, 일본어, 중국어만 가능했으나 2차 출시 버전부터는 대상 언어를 더욱 확대해갈 예정이라고 합니다.

이 제품은 여행용 어휘 사전을 탑재해서 특히나 여행에 최적화된 제품이라고 하는데요, 보통 우리가 여행지에서 사용하는 말들은 "이건 얼마입니까?" "전철역은 어디인가요?" "더 큰 사이즈는 없나요?" 등 흔히 쓰는 표현들이 비슷하기 때문에 외국어를 못하는 분들도 외국 여행 시 충분히 잘 이용할 수 있을 것으로 생각됩니다. 더 이상 여행용 회화사전을 급히 구해서 공부할 필요가 없어진 거죠.

확성기를 이용한 통역기

이번에는 통역한 말을 여러 사람이 들을 수 있게 해주는 확성기 형태의 통역기를 소개해드리겠습니다. 일본의 파나소닉에서 만든 '메가혼야쿠 (Megahonyaku)'가 바로 그것인데요, 확성기에 대고 일본어로 말하면 해당 문장이 한국어나 영어, 중국어로 번역되어 큰 소리로 전달됩니다.

메가혼야쿠는 인터넷을 통해 번역 문장들이 등록되어 있는 클라우드와 인터넷으로 통신하며 번역해주는 방식의 제품인데요, 자주 쓰이는 300개의 문장이 미리 등록되어 있기 때문에 정확하게 말을 전달할 수 있고, 또 그 단어들을 조합해서 약 1,800여 가지의 문장 패턴을 만들 수 있다고 합니다. 실시간 통번역 기능은 나중에 추가될 예정이라는군요.

이 확성기 형태의 제품이 가지는 장점은 공항, 기차역, 콘서트장, 경기

▲ 확성기 형태로 제작된 통역기 '메가혼야쿠'

장 등 여러 외국인이 모이는 장소에서 사용해 일괄적으로 사람들을 통솔할 수 있다는 점인데요, 특히나 사고나 재난 상황에서 사람들을 대피시킬 때 유용하겠죠?

귀에 꽂는 이어폰형 통역기

웨이벌리랩스(Waverly Labs)사에서 개발한 '파일럿(Pilot)'이란 통역기는 무선 이어폰 형태의 제품입니다. 이 이어폰만 꽂고 있으면 스마트폰을 보지 않아도 외국인과 눈을 맞추고 대화할 수 있는 것이죠. 파일럿의 개발자는 미국인인데요, 프랑스인 여자친구와 의사소통할 때 불편함을

▲ 앱의 번역 기능과 연동되는 이어폰형 통역기 '파일럿'

느껴 이 제품을 만들었다고 합니다.

이 제품은 상대가 말을 하면 이어폰에 내장된 마이크로 그 소리를 스마트폰에 전달해 전용 앱으로 번역하고, 앱은 번역 결과를 스마트폰으로 보내줍니다. 즉, 스마트폰 앱의 번역 기능을 이어폰과 연동해서 사용하게 해주는 콘셉트의 제품이죠. '파일럿'이 가지는 또 다른 좋은 점은 컨퍼런스 기능이 있어서 여러 외국인이 서로 자국어로 이야기해도 번역이 되어 들린다는 점입니다. 한국인, 중국인, 프랑스인, 독일인이 모여 각자의 모국으로 말해도 회의가 가능하다는 뜻이죠.

아직은 번역 기술 자체가 완벽하지 못하기 때문에 컨퍼런스에 활용할 수 있을 만큼 정확한 번역 결과는 제공하기 어려울 겁니다. 하지만 간단한 회화 정도라면 어느 정도 해결할 수 있겠죠. 알파고가 바둑을 배웠듯 앞으로 인공지능 번역기가 외국어를 계속 배워나간다면 이런 이어폰 형태의 번역기를 이용해 상당히 편리하게 외국인들과 회의도 할 수 있을 것이라 기대됩니다.

***

컴퓨터의 번역 기술이 발달한다고 해서 외국어를 배울 필요가 없어지는 것은 아닙니다. 해외 업체와 거래할 때나 정치적 협상을 해야 하는 등의 상황에서는 상대의 언어를 유창하게 구사하는 사람이 번역기를 이용하는 사람보다 더욱 호감을 사고 그만큼 유리한 입장에 서겠죠. 또 각 언어에는 사용 국가의 문화가 녹아 있기 때문에 해당 문화를 온전히 이해하고 싶다면 외국어를 배우는 것이 좋은 경우도 있을 겁니다. 다만 이렇게 유창하게 외국어를 구사하기까지는 수년간 엄청난 노력과 비용이 들어야 한다는 것이 문제죠.

하지만 앞으로 번역 기술이 계속 발달한다면 모든 사람들이 외국어를 열심히 공부해야 할 필요는 없을 겁니다. 특히 학생들의 경우에는 외국어, 특히 영어 공부의 중요도가 낮아짐에 따라 그로 인한 스트레스에서 벗어나고 사교육비도 절감할 수 있겠죠. 또 여행 가서 영어를 쓰고 싶다며 순진하게 영어 공부에 도전했다가 금방 포기해버리는 사람들의 시간과 비용도 아껴줄 것이고요. 인터넷에 등록된 엄청난 외국어 자료들의 번역문을 자기가 공부하는 학문에 활용하거나, 해외에 있는 사람 혹은 기업과 비즈니스를 하는 사람들의 수도 늘어날 겁니다. 언어의 장벽이 무너진다는 것은 이렇듯 단순히 외국어 공부에서 벗어나는 것뿐만 아니라 우리의 생활 영역이 전 지구로 확장될 수 있음을 의미합니다. 그만큼 우리가 잡을 수 있는 새로운 기회도 많아지겠죠?

05

상상 이상의 것을 상상하다
_미래지향적인 이색 발명품들

이번에는 미처 소개해드리지 못한 미래지향적인 이색 발명품들을 소개해드리려고 합니다. 센서, 데이터, 신소재 등을 이용한 이색 발명품들의 사례를 보시면서 앞으로 과연 미래의 우리 생활이 어떻게 변할지 상상해보셨으면 합니다.

▲ 원하는 그림을 커피 위에 출력해주는 라테 아트 프린터 '리플스'

라테 아트 프린터

혹시 커피 위에 그려진 하트나 나뭇잎 등을 본 적이 있으신가요? 이렇게 우유가 들어간 커피 종류인 라테 위에 그림을 그리는 것을 '라테 아트(Latte Art)'라고 하는데요, 막상 시도해보면 결코 쉽지 않습니다. 하지만 라테 아트 프린터인 '리플스(Ripples)'를 이용하면 누구나 쉽게 커피 위에 다양한 그림을 그릴 수 있죠.

　리플스에는 약 7인치 크기의 디스플레이가 탑재되어 있는데요, 디스플레이를 이용해 원하는 라테 아트 그림을 선택한 후 커피가 담긴 커피 잔을 프린터 아래에 놓으면 리플스가 마치 잉크젯 프린터처럼 커피 위에 그림을 출력해줍니다. 또 스마트폰 앱을 통해서 직접 그림을 디자인할 수 있기 때문에 카페 로고나 인기 연예인, 귀여운 캐릭터 등 원하는 그림은 무엇이든지 출력할 수 있습니다. 소요 시간은 15~20초 정도라고 하고요, 잉크로는 커피농축액이 사용되기 때문에 인체에도 무해합니다. 카페를 운영하시는 분들이 이용하시면 좋을 제품이죠?

코골이 음소거 기기

한 침대에서 함께 자는 배우자나 애인이 너무 심하게 코를 골아서 스트레스를 받는 분들이 많으실 겁니다. 자는 사람을 깨울 수는 없는데, 그렇다고 내가 나가서 자기도 억울하죠. '사일런트 파트너(Silent Partner)'

▼ 코골이 음소거 기기 '사일런트 파트너'

는 바로 그러한 분들을 위해 탄생한 제품입니다.

이 제품은 수면안대 형태로 만들어졌는데요, 안대에 탑재된 장치가 코골이 소리 음파와 반대되는 음파를 발생시켜 소리를 상쇄하는 방식이라고 합니다. 코골이 소리가 플러스(+) 음파라면 사일런트 파트너는 마이너스(-) 음파를 일으켜 소리를 없애는 것이죠. 요즘 이어폰에 많이 탑재되는 '노이즈 캔슬링(noise cancelling)'의 원리와 같다고 보시면 되겠습니다. 제조사 측에 따르면 이 제품은 약 20cm의 주변 공간을 코골이 음소거 구역으로 만들어준다고 하네요.

사일런트 파트너는 해외 크라우드펀딩 사이트인 인디고고에 등장했을 당시 자금을 656%로 초과 모금해서 큰 화제를 모았는데요, '미래채널 MyF'의 페이스북 페이지에 소개했을 때에도 무려 1만 3,000개의 댓글이 달릴 정도로 사람들이 높은 관심을 보였습니다. 제품의 효과가 어느 정도일지는 모르겠지만 이런 것을 보면 코골이로 고생하는 사람들이 무척 많다는 점을 확인할 수 있죠.

세상 모든 색을 구현하는 스마트펜

문구점에 가보면 여러 컬러 잉크가 볼펜 하나에 합쳐져 있는 제품을 볼 수 있습니다. 그런데 이제는 세상의 모든 색을 펜 하나로 사용할 수 있게 됐습니다. '스크리블(Scribble)'이라는 디지털 펜 덕분이죠.

스크리블에는 색을 스캔할 수 있는 RGB 컬러 센서와 잉크젯 프린터에 설치하는 것과 같은 식의 컬러 카트리지가 탑재되어 있습니다. 버튼을 누른 후 펜 윗부분에 있는 컬러 센서로 사과를 스캔하면 펜이 그 사

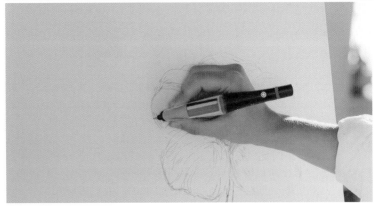

▲ '스크리블'로 색을 스캔하는 모습
♠ 스캔한 색으로 그림을 그리는 모습

과의 색을 잉크 카트리지에서 출력해주죠. 마찬가지로 초록색 나뭇잎을 스캔하면 그것과 똑같은 초록색을 사용할 수 있습니다. 스크리블은 이렇게 잉크 카트리지를 사용하는 일반 펜 버전과 태블릿에서 활용할 수 있는 스타일러스 펜 버전의 두 가지 제품으로 개발되었는데요, 사용 방법은 같습니다. 색을 감지하는 RGB 컬러 센서가 작고 저렴해졌기 때문에 가능한 일인데요, 앞으로 수많은 센서들이 작고 저렴해짐에 따라 우리가 상상하지 못했던 수많은 마법과 같은 제품들이 등장할 것으로 기대됩니다.

빨지 않아도 되는 옷

누군가 더 좋은 세탁기를 개발하고 있을 때, 다른 누군가는 빨래가 필요 없는 옷을 만듭니다. 이렇게 게임의 규칙을 완전히 바꾸는 존재를 '게임 체인저(game changer)'라고 부르는데요, 실제로 며칠 혹은 몇 주 동안 세탁할 필요가 없는 티셔츠나 양말들이 속속 등장하고 있습니다.

'에이블리(Abbly)'라는 티셔츠가 그중 하나입니다. 이 티셔츠에는 커피나 콜라, 케첩 등이 떨어져도 방수직물처럼 그것을 튕겨내는 '필륨(filium)'이란 기술이 적용되었다고 합니다. 또 이 제품은 땀이 많이 나면 그것을 흡수하는 것이 아니라 아예 빠르게 증발시켜버리기도 한다는데요, 기존 면 소재의 티셔츠와 비교했을 때 약 40% 빠른 건조 속도가 특징이라는군요.

▼ '에이블리' 위에 케첩을 뿌리는 모습　　　　　　▼ 물을 뿌리자 케첩이 씻겨 내려가는 모습

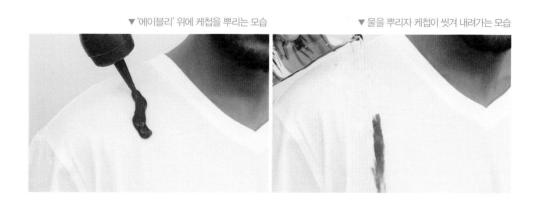

물론 영원히 세탁을 하지 않아도 되는 것은 아닙니다만, 제조사 측에 따르면 약 2주간 세탁을 하지 않아도 냄새 걱정 없이 입을 수 있다고 합니다. 장기간 여행을 떠날 경우에 매우 유용하지 않을까 싶은데요, 세탁을 자주 하지 않아 시간을 절약할 수 있고 물과 세제를 덜 사용하기 때문에 환경에도 긍정적인 영향을 끼칠 것이라고 제조사는 강조합니다.

나를 따라다니는 여행가방

여행은 좋지만 끌거나 들고 다녀야 하는 여행가방은 참 거추장스럽죠. 특히나 많은 내용물을 넣는 캐리어는 여행지에서 불편하기 그지없습니다. 그런데 이 여행가방이 나를 알아서 졸졸 따라다닌다면 어떨까요?

카메라, 레이저, 음파탐지기 등이 적용된 '코와로봇 R1(Cowarobot R1)'은 가방을 직접 끌지 않아도 알아서 사용자를 따라다니는 여행가방 로봇입니다. 심지어 장애물 인식 기능도 있어 기둥이나 계단도 알아서 피해 다니죠. 코와로봇은 카메라를 이용해 사람을 따라다니기도 하지만 보다 정확한 추적을 위해서는 손목에 웨어러블 밴드를 착용해야 하는데요, 이 밴드는 코와로봇이 사용자의 위치를 파악하게 해줄 뿐만 아니라 가방을 여는 스마트 열쇠로도 사용됩니다.

물건을 운반해주는 '지타(Gita)'라는 원통형 로봇도 사용자를 졸졸 쫓아다

▼ 사용자의 위치를 파악하며 따라다니는 여행가방 '코와로봇 R1'

▲ 사용자의 물건을 대신 옮겨주는 운반 로봇 '지타'

닙니다. 이 제품은 내부에 짐을 실을 수 있는 공간이 있어 사용자가 운반하고자 하는 물건을 넣고 뚜껑을 닫으면 역시나 그 사람을 따라다니며 물건을 대신 옮겨줍니다. 마트에서 장을 보고 집으로 돌아올 때 장바구니를 들지 않아도 되는 것이죠.

* * *

앞으로 센서, 데이터 처리 기술, 통신 기술 등이 더욱 발달하면 우리가 상상도 하지 못했던 제품들이 계속 등장할 텐데요, 자율주행차에 탑재되는 기술이 발달함에 따라 그와 관련된 파생 제품들로 어떠한 것들이 나올지 특히 기대됩니다. 자동차만큼 크고 비싸지는 않지만 코와로봇이나 지타처럼 실생활에서 쓰일 수 있는 작은 크기의 로봇들이 우리의 생활 곳곳에서 활약을 펼치게 되겠죠. 여러분은 또 어떠한 제품의 등장을 상상하시나요?

자동화 기술은 발전하는데
나는 왜 계속 바쁠까?

과거에 비해 지금은 수많은 자동화 기술들이 발전해 인간의 일을 대신해주고 있습니다. 세탁기가 등장하며 빨래할 시간이 줄어들었고, 인터넷의 발달 덕분에 직접 찾아가지 않아도 알고 싶은 정보를 바로 얻을 수 있으니까요. 그 밖에도 계산기, 각종 소프트웨어 프로그램, 공장로봇 등에 힘입어 우리의 생활은 무척 편리해졌죠. 이러한 상황에 앞으로 인공지능이 우리의 지적 노동까지 대신해준다면 우리의 생활은 어떻게 변할까요? 모든 노동을 자동화 기계에 맡겨두고 한가롭게 여행하고 예술을 즐기며 살 수 있을까요?

그런데 이상한 점이 있습니다. 이렇게 세탁기, 청소기, 이메일, 스마트폰이 등장해서 시간과 노력을 절약해주니 우리는 그만큼 여유롭고 한가해져야 하는데 실제로는 그렇지 못하다는 것입니다. 이상하지 않나요? 자동화 기술은 발전하는데 왜 우리는 여전히 바쁜 걸까요?

우리가 바쁜 첫 번째 이유는 주로 자본가들이 자동화 기술을 소유하고 있기 때문입니다. 예를 들어 회사가 자동화 기계를 도입해서 직원들의 일을 상당 부분 자동화시켜준다고 해도 회사는 직원들에게 퇴근 시각을 앞당겨주거나 여유 시간을 주지 않습니다. 자동화 기계를 도입하는 데 들어간 비용을 직원들의 노동으로 충당해야 할 뿐만 아니라, 자동화 기계가 더 벌어들일 수 있는 돈의 양은 정해져 있기 때문에 회사가 더 많은 돈을 벌려면 결국 직원들에게 더 좋은 아이디어를 내라고 요구하거나 더 많은 물건을 팔라는 식으로 압박을 가해야 하기 때문입니다. 사실 이 문제에 대한 해답은 100년 전 칼 마르크스(Karl Marx)가 『자본론(Das Kapital)』에서 풀어낸 적이 있습니다. 자본가들은 노동자의 노동을 통해 이윤을 얻기 때문에 아무리 자동화가 진행되더라도 오히려 그 자동화된 부분만큼 노동자를 쥐어짤 것이고, 그렇기에 자동화가 이루어질수록 노동자는 더욱 착취될 수밖에 없다는 것이 그의 견해였습니다.

두 번째 이유는 우리 개개인이 만족을 하지 못하

기 때문입니다. 과거 1950~1960년대 한국이 어려웠던 시절에는 사람들이 "흰 쌀밥에 고깃국만 먹으면 소원이 없겠다."라는 말을 했다고 하죠? 하지만 경제가 성장한 지금 우리는 그 고기가 한우인지 수입산인지, 등급은 1+인지 1++인지까지 따집니다. 경제상황이 아무리 좋아진다 해도 인간은 삶의 만족 기준을 '더 나은 것' 또 '발전 가능성'에 두면서 보다 향상된 삶을 끊임없이 원합니다. 이런 식의 사고방식을 가지고 있는 한, 아무리 엄청나고 눈부신 자동화가 이뤄져서 인간의 노동 시간을 줄여준다고 해도 우리는 결코 노동으로부터 해방될 수 없습니다.

세 번째 이유는 가스레인지, 자동차, 이메일 등 인류의 시간을 절약해주는 것들이 사회가 돌아가는 속도 자체를 높여버렸기 때문입니다. 이메일이 의사소통 시간을 절약해준 만큼 사람들의 커뮤니케이션 속도가 전체적으로 빨라졌죠. 만약 누군가 보낸 이메일에 대한 답신을 과거 기준에 맞춰 4~5일 후에 보낸다면 상대는 아마 기분이 상할 겁니다. 빨라진 사회의 속도에 맞추지 않는 사람이 이상하게 느껴지는 것이죠.

이 외에도 시간을 획기적으로 절약해주는 기기가 출시되면 그것을 살 수 있는 돈을 벌기 위해 우리가 또 노동을 해야 한다는 사실 역시 우리 삶이 여전히 바쁜 이유라고 할 수 있습니다. 스마트폰이 우리의 생활을 획기적으로 편리하게 해주긴 했지만, 그와 동시에 우리가 매달 할부금을 갚기 위해 돈을 벌어야 하는 이유가 된 것처럼 말이죠.

이렇듯 몇 가지만 살펴보더라도 현대인들이 아직도 바쁘게 사는 이유가 무엇인지 그 힌트를 얻을 수 있습니다. 미래 세상에선 인공지능, 소프트웨어, 데이터 분석 기술, 로봇 등의 발달이 더욱 인간의 노동을 대체하게 될 텐데요, 그럼에도 앞에서 살펴봤듯이 그러한 첨단 자동화 기술이 우리를 반드시 여유롭게 해줄 것이라고는 장담할 수 없겠습니다. 어쩌면 지금보다 더 숨가쁘게 살 수도 있겠고요. 과연 우리는 그런 시대를 어떻게 대비해나가야 할까요?

낙천주의자는
어려움에서
기회를 본다

자, 곧 다가올 우리의 미래를 살펴보는 여행이 끝났는데요, 즐거우셨나요?

이 책에서 소개해드린 3D프린터, VR, 인공지능 등과 같은 신기술들은 우리의 미래 생활을 매우 크게 변화시킬 것으로 기대됩니다. 각 언론매체와 시장조사기관에서는 앞으로 이러한 신산업이 '10년 뒤에는 수십 배 성장'하고, '몇십 조 규모로 커질 것'이라며 장밋빛 전망을 내놓고 있죠. 하지만 아직 초창기 단계인 이 기술들을 실제로 사용해보면 아직은 실망하는 경우가 훨씬 더 많습니다. 3D프린터는 너무 느리고 출력물이 깔끔하지 않아 몇 번 사용해보다가 쓰지 않고, VR은 어지럽고 콘텐츠가 한정적이다 보니 처음에만 신기하고 나중에는 이용하지 않는 사람들이 많습니다. 인공지능도 아무리 언어처리 능력이 좋아졌다고는 하지만 아직도 사람의 말을 잘못 알아듣는 경우가 많아 답답할 때가 많습니다. 그렇다면 이 책에 소개해드린 사례들은 모두 쓸모가 없는 걸까요?

미국의 미래학자 로이 아마라(Roy Amara)의 말을 잠시 빌려보죠.

"우리는 단기적으로는 기술을 과대평가하는 경향이 있고, 장기적으로는 과소평가하는 경향이 있다."

그렇습니다. 최초의 자동차, 최초의 비행기, 최초의 컴퓨터가 등장했을 때 어쩌면 그들은 대부분의 사람들에게 비싸기만 하고 그다지 쓸모는 없는 제품들이었을지도 모릅니다. 1894년 최초로 생산된 자동차 중 하나인 벤츠 '벨로(Velo)'의 경우 최고 속도가 불과 시속 20킬로미터였고, 1903년 라이트 형제가 최초로 비행에 성공한 시간은 겨우 12초에 그쳤습니다. 또한 1946년에 개발된 최초의 컴퓨터 '에니악'의 경우 그 크기가 방 하나를 꽉 채울 정도로 거대했던 데 반해 할 수 있는 일이라곤 계산밖에 없었죠. 하지만 그 후 지속적으로 기술이 발전하고 대중화되기 시작하더니 결국 우리의 생활 방식을 크게 바꿔버렸습니다. 우리는 이제 일상적으로 최고 시속 200km가 넘는 자동차로 출퇴근을 하고 서울에서 뉴욕까지 1만 km가 넘는 거리를 비행기로 오가며, 정보검색이나 업무처리, 게임 등 일상의 상당 부분을 컴퓨터에 의존하고 있습니다. 이렇게 바뀌어 버린 생활 방식에 너무나 익숙해져 이제 자동차, 비행기, 컴퓨터가 없는 생활은 상상도 하지 못할 정도죠.

그렇기 때문에 이 책에 소개해드린 미래의 메가트렌드 사례들이 당장 대중화되어 세상을 급격하게 바꾸어놓을 것이라는 식으로 너무 큰 환상을 가지면 곤란합니다. 하지만 동시에 이 기술들이 현재 부족한 점이 많다고 해서 앞으로도 그럴 것이라고 무시해버리는 것 역시 현명한 자세는 아닙니다. 이러한 기술들을 발전시켜 꿈꾸는 미래를 만드는 것은 현재를 살아가는 우리의 몫이기 때문이죠.

영국 총리였던 윈스턴 처칠(Winston Churchill)은 "비관주의자는 모든 기회에서 어려움을 보고, 낙천주의자는 모든 어려움에서 기회를 본다."라고 했습니다. 결국 세상을 바꾸고 우리가 원하는 미래를 만들어갈 수 있는 가장 기본적인 원동력은 긍정성이 아닐까요. 그런 의미에서 여러분께 마지막 질문을 드리며 이 책을 마무리하려고 합니다.

여러분은 미래의 기회가 먼저 보이시나요, 아니면 어려움이 먼저 보이시나요?

사진자료 출처

PART 01. 인공지능이 바꿀 미래

IBM의 인공지능 서비스 '셰프왓슨'의 레시피로 만든 요리	http://www.youtube.com/watch?v=C_3TRt5dmbs&t=120s
구글 개발자들이 공개한 '사물번역기'	http://www.youtube.com/watch?v=bH5sU7ew5V4
학습을 도와주는 인공지능 앱 '소크라틱'	http://www.youtube.com/watch?v=LDjpwJdZmV4
구글과 잘란도의 합작인 '프로젝트 뮤즈'	http://www.youtube.com/watch?v=NBy76vM1ZQA
렘브란트의 화풍을 재현한 '넥스트 렘브란트' 프로젝트	http://www.youtube.com/watch?v=luygOYZ1Ngo
애플의 인공지능 스피커 '홈팟'과 아마존의 인공지능 스피커 '에코'	http://www.youtube.com/watch?v=FQn6aFQwBQU
디스플레이형 인공지능 스피커 아마존의 '에코 쇼'	http://www.youtube.com/watch?v=WQqxCeHhmeU
소울 머신스가 개발한 AI 아바타	http://www.youtube.com/watch?v=Ijwly0GSIP4
미소녀 인공지능 홀로그램 '게이트박스'	gettyimages
페이스북의 인공지능 챗봇 서비스 'M'	http://www.youtube.com/watch?v=b3GQs8VzXhw&t=1s
소프트뱅크의 가정용 인공지능 로봇 '페퍼'	http://www.youtube.com/watch?v=kr05reBxVRs
구글의 인공지능 스피커 '구글 홈'	http://storage.googleapis.com/madebygoog/v1/banners/home_banner.jpg
SKT의 인공지능 스피커 '누구'	**필자 촬영**
KT의 인공지능 스피커 '기가지니'	http://www.kt.com/pr/news_01_view.jsp?newsidx=12837
인공지능 '자비스' 목소리의 주인공인 배우 모건 프리먼	http://mrtalented.wordpress.com

PART 02. VR과 AR 그리고 MR의 세계

구글의 VR 교육 프로그램 '구글 엑스페디션'	http://www.youtube.com/watch?v=n29VQwW-03o
삼성의 360° 카메라 '기어(Gear) 360'	**필자 촬영**
켄잔스튜디오가 선보인 피라미드 체험 프로그램	http://www.youtube.com/watch?v=JMfheMEOU1o
AR 스케치 앱 '스케치AR'	http://www.youtube.com/watch?v=rbhYwofRYiU
AR 슈팅게임 '파더.IO'	http://www.youtube.com/watch?v=K1ucxoKyiZI
AR 길이 측정 앱 '캔버스'	http://www.youtube.com/watch?v=XA7FMoNAK9M
이케아의 AR 앱	http://www.youtube.com/watch?v=xC6t2eEPkPc
프로젝션 매핑 기술을 활용하는 스페인의 레스토랑 '서블리모션'	http://www.youtube.com/watch?v=IEIE29HFTEk
테이블을 터치스크린으로 바꿔주는 프로젝터 조명 '램픽스'	http://www.youtube.com/watch?v=4r8lxnx2wXM&t=2s

소니가 개발한 터치 프로젝터 '엑스페리아 터치'	http://www.youtube.com/watch?v=dIGYgCf5xrM
디지털 창문 '애트모프 윈도우'	http://www.youtube.com/watch?v=5qaHihfRD_k
마이크로소프트의 MR 헤드셋 '홀로렌즈'	http://www.youtube.com/watch?v=A784OdX8xzI
홀로렌즈를 이용해 작업창을 선택하는 모습.	http://www.youtube.com/watch?v=g0JoQNrKcf4&t=7s
홀로렌즈로 구현한 대형 디스플레이	
홀로렌즈의 여행 앱 '홀로투어'	http://www.youtube.com/watch?v=pLd9WPlaMpY&t=17s
홀로렌즈의 범죄수사 앱 '프레그먼츠'	http://www.youtube.com/watch?v=9ULJV4G5XkA&t=83s
홀로렌즈를 이용한 디자인	http://www.youtube.com/watch?v=DiIzwF90vec
VR헤드셋 '오큘러스 리프트'	http://www.youtube.com/watch?v=etv_JxVh7cc
페이스북 소셜VR '페이스북 스페이스'	http://www.youtube.com/watch?v=NCpNKLXovtE
페이스북 스페이스' 에서 그림을 그리는 모습	
마크 저커버그가 개발한 인공지능 비서 '자비스'	http://www.facebook.com/zuck/videos/10103351034741311/

PART 03. 자동차의 미래

우버의 자율주행 서비스	http://www.youtube.com/watch?v=1MUdZJk1PCA
구글이 개발한 자율주행차	http://www.youtube.com/watch?v=CqSDWoAhvLU&t=3s
벤츠의 콘셉트형 자율주행차 F015	http://www.youtube.com/watch?v=GAz42C5Vvt8
자율주행 상점으로 활용 가능한 무인버스 올리(Olli)	http://www.youtube.com/watch?v=Ymz4SYVr_EE&t=7s
1899년 프랑스의 카미유 제나치(Camille Jenatzy)가 개발한 전기차	http://1.bp.blogspot.com/-zs8D4sX_NUw/VbY1tGiEN3I/AAAAAAABrws/PoqReJNJk7Y/s1600/vintage%2Belectric%2Bcar%2B%25286%2529.jpg
1908년에 생산되기 시작한 포드의 '모델T'	http://www.publicdomainpictures.net/pictures/10000/velka/2629-1273993145UpPd.jpg
테슬라의 첫 번째 히트작인 '모델S'	https://www.tesla.com/tesla_theme/assets/img/models/v1.0/slideshow/Red_Bay-1440.jpg?20170420
테슬라 최초의 보급형 전기차 '모델3'	http://cdn0.vox-cdn.com/uploads/chorus_asset/file/6273023/model-3-unveil.0.jpg
패러데이 퓨처의 전기차 'FF91'	http://st.motortrend.com/uploads/sites/5/2017/01/Faraday-Future-FF-91-front-three-quarter-02.jpg
루시드 모터스의 전기차 '에어'	http://lucidmotors.com/sites/default/files/hero-images/lucid-air-pch-dusk-1920x865.jpg
중국의 니오가 만든 전기차 'EP9'	http://www.youtube.com/watch?v=We8U2tCv3Ks
텅 비어 있는 테슬라 전기차의 보닛 내부	**필자 촬영**
테슬라 '모델S'의 중앙 태블릿	http://www.youtube.com/watch?v=TZ0HsN-tblo&t=144s
테슬라의 급속 충전소 '슈퍼 차저'	http://www.youtube.com/watch?v=TszRyT8hjJE&t=42s

PART 04. 로봇과 인간의 미래

소프트뱅크의 가정용 인공지능 로봇 '페퍼'	http://www.youtube.com/watch?v=oDeQCIkrLvc
샤프의 로봇 전화기 '로보혼'	gettyimages
메이필드로보틱스가 만든 '큐리'	http://www.youtube.com/watch?v=PEpIR78qL3E
동그란 디스플레이가 특징인 '지보'	http://www.youtube.com/watch?v=3N1Q8oFpX1Y&t=21s
건강관리에 특화된 로봇 '필로'	http://www.youtube.com/watch?v=QjJ_GffiNEE&t=6s
카이스트의 로봇 '휴보'	http://www.youtube.com/watch?v=PomkJ4I9CMU&t=263s
보스턴다이내믹스가 개발한 4족보행 로봇 '스팟'	http://www.youtube.com/watch?v=M8YjvHYbZ9w&t=30s
기존의 스팟보다 작은 크기로 개발된 '스팟 미니'	http://www.youtube.com/watch?v=tf7IEVTDjng
팔다리가 달린 2족보행 로봇 '아틀라스'	http://www.youtube.com/watch?v=rVlhMGQgDkY&t=101s
다리가 아닌 바퀴를 달아 이동속도를 높인 로봇 '핸들'	http://www.youtube.com/watch?v=-7xvqQeoA8c&t=4s
상호 통신으로 협업이 가능한 개미로봇	http://www.youtube.com/watch?v=FFsMMToxxls&t=10s
GPS 시스템을 이용하여 비행하는 나비로봇	http://www.youtube.com/watch?v=1gu3z7w4Vc8&t=8s
빨판을 달아 물건을 잡는 방식이 적용된 문어발로봇	http://www.youtube.com/watch?v=ZPUvA98uSj8&t=12s
사람을 닮은 로봇 '제미노이드'	http://www.youtube.com/watch?v=J71XWkh80nc
가정용 소형 로봇팔 '유암 스위프트'	http://www.youtube.com/watch?v=kzEkjx6Lmfg
사람과 함께 일할 수 있는 공장로봇 '백스터'	http://www.youtube.com/watch?v=fCML42boO8c
일본 '헨나 호텔'의 공룡로봇 컨시어지	gettyimages
영국의 몰리로보틱스가 개발 중인 자동요리 시스템 '몰리'	http://www.youtube.com/watch?v=BSBTCOEdLkA
스타십테크놀로지가 개발한 배달 로봇	http://www.youtube.com/watch?v=DW16O6UWtSc

PART 05. 사물인터넷과 웨어러블의 발전

MIT 미디어랩이 개발한 변신 책상	http://vimeo.com/122370241
스마트 매트리스 커버 '에이트'	http://www.youtube.com/watch?v=eS1eKLV-tVo
노크를 컨트롤 방식으로 활용한 제품 '노키'	http://www.youtube.com/watch?v=FwotDSjQrc0
모든 사물과 공간을 리모컨으로 만들어주는 '해요'	http://www.youtube.com/watch?v=rnAJRGVwBp0
사람 대신 버튼을 눌러주는 '스위치봇'	http://www.youtube.com/watch?v=Q_3f6OC9p0s&t=15s
SKT의 사물인터넷 '스마트플러그'	http://www.sktsmarthome.com/html/products.html
KT의 인공지능 스피커 '기가지니'	http://www.kt.com/pr/news_01_view.jsp?newsidx=12837
스마트도어록 '차칵(Chakak)'	http://chakak.com/
CES 2017 당시 '알렉사'와 연동되는 LG전자의 스마트 냉장고 소개 장면	http://social.lge.co.kr/ces2017_ai_robot/
외골격 수트 제조사 '수트엑스'의 제품	http://www.youtube.com/watch?v=OZC_3ruD4Sk

시각장애인의 눈이 되어주는 웨어러블 제품 '호루스'	http://www.youtube.com/watch?v=9TEJC5fXnu8&t=11s
청각장애인을 위한 수화통역 장갑 '사인얼라우드'	http://www.youtube.com/watch?v=l01sdzJHCCM
외부 소리를 조절해주는 이어폰 '히어'	http://hereplus.me/pages/product-details#intro
유니세프의 피트니스 밴드 '키드파워밴드'	http://www.youtube.com/watch?v=H481XvoYcxQ
디자인이 바뀌는 스마트워치 'FES 워치'	http://www.youtube.com/watch?v=zSwG3DagSis
리바이스에서 선보인 스마트청재킷	http://www.levi.com/US/en_US/features/levi-commuter-xgoogle-jacquard/
구글이 개발한 스마트실 '자커드'	http://www.youtube.com/watch?v=qObSFfdfe7I
스냅챗의 선글라스형 카메라 '스펙터클'	http://www.spectacles.com/
골전도 스피커 방식을 적용한 선글라스 '정글'	http://www.youtube.com/watch?v=DUVXUxSsP2M

PART 06. 3D프린터와 드론의 진보

손으로 그린 그림을 3D파일로 만들어주는 앱 '두들3D'	http://www.youtube.com/watch?v=66CVol49m-Y
3D파일 공유 사이트 '씽기버스'	http://www.thingiverse.com
초대형 3D프린터로 출력한 두바이 소재의 한 사무실	http://www.youtube.com/watch?v=KwVUmAPd-8s
로컬모터스가 3D프린터로 제작한 자동차	http://www.youtube.com/watch?v=daioWlkH7ZI
GE가 3D프린트를 이용해 출력한 제트엔진 부품	http://www.youtube.com/watch?v=W6A4-AKICQU
성형 후 모습을 3D프린터로 출력해주는 미국의 미러미	http://www.youtube.com/watch?v=B6hvakLR61k
3D프린터로 출력된 아기 초음파 사진	http://www.3printr.com/utero-3d-3d-printing-unborn-babies-blind-mothers-can-see-2841934/
조이트로프 기법을 활용한 작품 'All Things Fall'	http://vimeo.com/125791075
휴대용 3D프린터 '올로'	http://www.ono3d.net/
영국의 3D프린터 레스토랑 '푸드잉크'	http://foodink.io/
로봇이 출력판을 갈아주는 3D프린터 공장 '부두 매뉴팩처링'	http://www.youtube.com/watch?v=Gv5MI1OG0_k
드론을 이용하여 만들어진 간이 다리	http://www.youtube.com/watch?v=CCDluZUfETc&t=75s
프리플라이 시스템즈'에서 선보인 드론 서핑	http://www.youtube.com/watch?v=BuRf6r0LuL8&t=23s
드론을 이용한 개인용 비행 장치 '키티 호크 플라이어'	http://www.youtube.com/watch?v=mMWh4W1C2PM
네덜란드 델프트 공과대학이 개발한 앰뷸런스 드론	http://www.youtube.com/watch?v=y-rEl4bezWc
킥스타터에 등장한 지뢰제거 드론 '마인 카폰 드론'	http://www.kickstarter.com/projects/massoudhassani/mine-kafon-drone
오픈웍스(OpenWorks)사가 개발한 드론 사냥 제품 '스카이월100(Skywall100)'	http://www.youtube.com/watch?v=M6tT1GapCe4
DJI사의 셀카용 드론 '스파크'	http://www.youtube.com/watch?v=74Cm1p3fr0g
접고 펼칠 수 있는 셀카용 드론 '호버 카메라'	http://www.youtube.com/watch?v=aOn-BG4h0pQ
초소형 셀카용 드론 '에어셀피'	http://www.youtube.com/watch?v=5sgi3A6OwWM

가벼운 간식거리를 올려놓을 수 있는 드론 쟁반 '저키봇'	http://www.youtube.com/watch?v=68JYesxLg08
인텔이 500대의 드론으로 진행한 불빛 공연	http://www.youtube.com/watch?v=aOd4-T_p5fA
조명을 탑재한 드론 '플릿 라이츠'의 콘셉트 영상 장면	http://www.youtube.com/watch?v=VyGxAu8L_t4

사이보그 올림픽 대회 '사이배슬론'	http://www.youtube.com/watch?v=mil6pWb3jkc
VR을 이용하여 영국을 자전거로 여행하는 에런 퍼지	http://www.youtube.com/watch?v=t0TNiDNbUDc
스키용 AR 고글 '라이드온 고글'을 착용한 후의 시야	http://www.youtube.com/watch?v=EL4zvDcpIMc
AR을 이용한 암벽등반 게임 '어그멘티드 클라이밍 월'	http://www.youtube.com/watch?v=rjWcE25s7kQ
게임처럼 즐기는 스쿼시 프로그램 '펀 위드 볼스'	http://www.youtube.com/watch?v=0N6OSVwGiRE&t=25s
운동코칭 거울 '스마트스팟'	http://www.youtube.com/watch?v=L_qaqoGXHDU
인공지능 운동코칭 이어폰 '비'	http://www.youtube.com/watch?v=GWB7UDMBOgl
'23앤드미'의 유전자 분석 키트, 유전자 분석을 위해 튜브에 타액을 넣는 모습	http://www.youtube.com/watch?v=3oTaydRPm3w
유전자 분석이 가져올 미래를 다룬 영화 〈가타카〉	http://www.imdb.com/title/tt0119177/mediaviewer/ rm2340495872

PART 09. 생활의 변화

아마존의 무인계산 시스템 '아마존 고'	http://www.youtube.com/watch?v=NrmMk1Myrxc
생각만으로 타이핑을 하는 전신마비 환자	http://www.youtube.com/watch?v=9oka8hqsOzg
EGG 모자를 쓴 실험자가 생각만으로 로봇팔을 제어하는 모습	http://www.youtube.com/watch?v=w6QEGeIKHw0
뉴로스카이의 '마인드웨이브'	http://neurosky.com/
뇌파로 사용자의 기분을 표시해주는 고양이 머리띠	http://www.mindtecstore.com/Products-from-Necomimi
원본 영상과 컴퓨터가 재구성한 영상	http://gallantlab.org/
디저트용 메뚜기·바퀴벌레 튀김	gettyimages
식물 성분의 가짜 쇠고기로 만든 '임파서블 버거'	http://www.youtube.com/watch?v=R_1VRJAuTy4
식물성 단백질로 만든 마요네즈 '저스트 마요'	http://www.youtube.com/watch?v=eVnLE_RRST8
멤피스 미트가 배양육으로 만든 치킨	http://www.youtube.com/watch?v=b5ezRx23EMg
목에 거는 여행용 통역기 '일리'	http://www.youtube.com/watch?v=rliGyn_Hfcl&t=38s
확성기 형태로 제작된 통역기 '메가혼야쿠'	gettyimages
앱의 번역 기능과 연동되는 이어폰형 통역기 '파일럿'	http://www.youtube.com/watch?v=NjjQ5cH_Yzl&t=2s
원하는 그림을 커피 위에 출력해주는 라테 아트 프린터 '리플스'	http://www.youtube.com/watch?v=l6LNBlHpLRs
코골이 음소거 기기 '사일런트 파트너'	http://www.youtube.com/watch?v=SzvKflEi4bw
'스크리블'로 색을 스캔하는 모습, 그림을 그리는 모습	http://www.youtube.com/watch?v=y2aJuulsots
'에이블리' 위에 케첩을 뿌리는 모습, 물을 뿌리자 케첩이 씻겨 내려가는 모습	http://www.youtube.com/watch?v=VWe5ZlQKU_M
사용자의 위치를 파악하며 따라다니는 여행가방 '코와로봇 R1'	http://www.youtube.com/watch?v=KMaZXpLzABg
사용자의 물건을 대신 옮겨주는 운반 로봇 '지타'	http://www.youtube.com/watch?v=8xPKZET7rB4

KI신서 7130

미래채널

1판 1쇄 인쇄 2017년 9월 1일
1판 1쇄 발행 2017년 9월 11일

지은이 황준원
펴낸이 김영곤 **펴낸곳** (주)북이십일 21세기북스
정보개발팀장 이남경 **책임편집** 김은찬 김선영
디자인 한성미
출판사업본부장 신승철
출판영업팀 이경희 이은혜 권오권 홍태형
출판마케팅팀 김홍선 배상현 최성환 신혜진 박수미 김선영 나은경
홍보기획팀 이혜연 최수아 김미임 박혜림 문소라 전효은 백세희 김세영
제작팀 이영민 **제휴마케팅팀** 류승은

출판등록 2000년 5월 6일 제406-2003-061호
주소 (우 10881) 경기도 파주시 회동길 201(문발동)
대표전화 031-955-2100 **팩스** 031-955-2151 **이메일** book21@book21.co.kr

(주)북이십일 경계를 허무는 콘텐츠 리더

21세기북스 채널에서 도서 정보와 다양한 영상자료, 이벤트를 만나세요!
장강명, 요조가 진행하는 팟캐스트 말랑한 책수다 '책, 이게 뭐라고'
페이스북 facebook.com/21cbooks   블로그 b.book21.com
인스타그램 instagram.com/21cbooks   홈페이지 www.book21.com